제35회 공인중개사 시험대비 **전면개정판**　　동영상강의 www.pmg.co.kr

박문각 공인중개사

하천재의
중요비교
정리와
출제예상
지문

하헌진 편저

하헌진 부동산세법

CONTENTS

이 책의 차례

PART
01

부동산세법
중요비교정리 1

PART
02

부동산세법
중요비교정리 2

PART
03

출제예상지문

PART

01

부동산세법
중요비교정리 1

부동산세법 중요비교정리 1-1: 납세의무의 성립·확정 및 소멸

구분		취득세	등록면허세	재산세	종합부동산세	(양도)소득세
성립		과세물건을 취득하는 때	재산권과 그 밖의 권리를 등기하거나 등록하는 때	과세기준일(6월 1일)	과세기준일(6월 1일)	① 과세기간이 끝나는 때 ② 중간예납: 중간예납기간이 끝나는 때 ③ 예정신고: 과세표준이 되는 금액이 발생한 달의 말일 ④ 원천징수: 소득금액 등을 지급하는 때
확정		① 원칙: 신고납부 　㉠ 유상: 60일 이내 　㉡ 증여 및 부담부증여: 취득일이 속하는 달의 말일부터 3개월 이내 　㉢ 상속(실종): 상속개시일(실종선고일)이 속하는 달의 말일부터 6개월(외국 9개월)) 이내 　㉣ 증과, 부과·추징: 60일 이내 + 가산세 제외 　㉤ 등기·등록관서에 접수하는 날까지 ② 불이행: 가산세 ③ 예외: 결정 – 보통징수 ④ 미납: 가산세	① 원칙: 신고납부 　㉠ 등록을 하기 전까지(=등기·등록관서에 접수하는 날까지) 　㉡ 증과, 부과·추징: 60일 이내 + 가산세 제외 　㉢ 신고 × + 납부 ○ : 무신고가산세 및 과소신고가산세를 부과하지 아니함 ② 불이행: 가산세 ③ 예외: 결정 – 보통징수 ④ 미납: 가산세	— ① 원칙: 보통징수 　㉠ 토지: 9.16~9.30 　㉡ 건축물: 7.16~7.31 　㉢ 주택: 1/2은 7.16~7.31, 1/2은 9.16~9.30(다만, 20만원 이하는 7.16~7.31) 　㉣ 선박, 항공기: 7.16~7.31 ② 미납: 가산세	③ 선택: 신고납부 　㉠ 12.1~12.15 　㉡ 납세의무자가 신고한 경우 관할세무서장의 결정은 없었던 것으로 봄 ④ 불이행: 가산세 ① 원칙: 결정 – 12.1~12.15 ② 미납: 가산세	① 원칙: 신고납부 　㉠ 예정신고납부 　　ⓐ 양도일이 속하는 달의 말일부터 2개월[부담부증여는 3개월] 　　ⓑ 확정 받기 전에 대금청산: 허가일(해제일)이 속하는 달의 말일부터 2개월 　㉡ 확정신고납부: 다음연도 5.1~5.31 ② 불이행: 가산세 ③ 예외: 결정 ④ 미납: 가산세
소멸		납부, 충당, 부과가 취소될 때, 조세부과의 제척기간이 끝난 때, 조세징수권의 소멸시효가 완성된 때				

부동산세법 중요비교정리 1-2 : 납세의무의 성립·확정 및 소멸 — 성립과 소멸

성 립
① 부가세
㉠ 지방교육세 : 과세표준이 되는 세목의 납세의무가 성립하는 때
㉡ 농어촌특별세 : 본세의 납세의무가 성립하는 때
② 지방소득세 : 과세표준이 되는 소득에 대하여 소득세·법인세의 납세의무가 성립하는 때
③ 수시부과
㉠ 지방세 : 수시부과할 사유가 발생하는 때
㉡ 국세 : 수시부과할 사유가 발생한 때
④ 인지세 : 과세문서를 작성한 때
⑤ 가산세 : 법정신고기한이 경과하는 때 등

소 멸			
① 조세부과의 제척기간			
㉠ 지방세부과의 제척기간			
		구 분	제척기간
납세자	사기·부정		10년
	무신고	① 상속·증여(부담부증여 포함), 명의신탁약정, 과점주주	10년
		② ① 외의 경우	7년
그 밖의 경우			5년
㉡ 국세부과의 제척기간			
	구 분		제척기간
원칙	납세자	부정	10년(역외거래 15년)
		무신고	7년(역외거래 10년)
	그 밖의 경우		5년(역외거래 7년)
예외	부담부증여의 양도소득세		증여세 준용
② 조세징수권의 소멸시효			
	구 분		소멸시효
지방세	① 5천만원 이상		10년
	② ① 외		5년
국세	① 5억원 이상		10년
	② ① 외		5년

부동산세법 중요비교정리 1-3 : 납세의무의 성립 · 확정 및 소멸 - 납세의무의 확정 및 가산세

1. 납세의무의 확정 및 가산세 흐름

구 분	확 정			
	신 고	가산세	결 정	가산세
취득세	○(원칙)	○	○(예외)	○
등록에 대한 등록면허세	○(원칙)	○	○(예외)	○
재산세	–	–	○(원칙)	○
종합부동산세	○(선택)	○	○(원칙)	○
소득세 · 종합소득세	○(원칙)	○	○(예외)	○
양도소득세				

2. 지방세의 가산세

(1) 지방세의 가산세
  ① 가산세는 지방세의 세목
  ② 다만, 가산세는 감면대상에 포함하지 아니함

(2) 지방세의 가산세율

구 분		가산세율
신고	무신고	일반	100분의 20
		사기 · 부정	100분의 40
	과소신고	일반	100분의 10
		사기 · 부정	사기 · 부정 100분의 40 + 일반 100분의 10

납부	① 신고납부 : 법정납부기한의 다음 날부터 자진납부일 또는 납세고지일까지의 일수×1일 10만분의 22(납부하지 아니한 세액, 과소납부분 세액에 100분의 75 한도)
	② 납세고지서에 따른 납부기한
	  ⊙ 납부하지 아니한 세액 또는 과소납부분 세액×100분의 3
	  ⓛ 납세고지서에 따른 납부기한이 지난 날부터 1개월이 지날 때마다 1만분의 66(60개월 한도, 납세고지서별 · 세목별 세액이 45만원 미만은 배제)		

---

3. 국세의 가산세 : 부정으로 인한 역외거래는 100분의 60

구 분		가산세율
신고	무신고	일반	100분의 20
		부정	100분의 40
	과소신고	일반	100분의 10
		부정	부정 100분의 40 + 일반 100분의 10

납부	① 1일(납부고지일부터 납부고지서에 따른 납부기한까지의 기간은 제외) 10만분의 22
	  ⊙ 납부고지서 : 5년 한도
	  ⓛ 납부고지서 : 150만원 미만 배제
	② 납부고지서에 따른 납부기한 : 100분의 3		

□ 종합부동산세
  ① 무신고가산세 : 배제
  ② 과소신고가산세와 납부지연가산세 : 적용

부동산세법 중요비교정리 2-1 : 절차적 사항

구 분	취득세	등록면허세	재산세	종합부동산세	양도소득세
물납	—	—	① 1천만원 초과 + 관할구역 부동산 ② 납부기한 10일 전까지		
분할납부/분납	—	—	① 250만원 초과 + 3개월 이내 ② 납부기한까지	① 250만원 초과 + 6개월 이내 ② 납부기한까지	① 1천만원 초과 + 2개월 이내 ② 예정신고기한 또는 확정신고 기한까지
납세지	① 부동산 소재지 ② 납세지가 불분명: 취득물건의 소재지 ③ 같은 취득물건이 둘 이상의 지방자치단체에 걸쳐 있는 경우: 소재지별로 안분	① 부동산 소재지 ② 납세지가 불분명: 등록관청 소재지 ③ 같은 등록에 관계되는 재산이 둘 이상의 지방자치단체에 걸쳐 있는 경우: 등록관청 소재지 ④ 같은 채권의 둘 이상의 저당권을 설정하는 경우: 처음 등록하는 등록관청 소재지	① 부동산 소재지	① 개인: 소득세법 준용 ㉠ 거주자: 주소지 → 거소지 관할세무서 ㉡ 비거주자: 국내사업장 소재지 → 국내원천소득이 발생하는 장소 → 주택 또는 토지의 소재지 ② 법인: 법인세법 준용	① 거주자: 주소지 → 거소지 관할 세무서 ② 비거주자: 국내사업장 소재지 → 국내원천소득이 발생하는 장소 관할세무서
세 부담의 상한	—	—	토지와 건축물: 100분의 150	① 주택 ㉠ 개인: 100분의 150 ㉡ 1천분의 27 또는 1천분의 50의 비례세율이 적용되는 법인: 없음 ② 토지 ㉠ 종합: 100분의 150 ㉡ 별도: 100분의 150	—
납부유예	—	—	① 1세대 1주택(시가표준액이 9억원을 초과하는 주택을 포함) + 그 납부기한 만료 3일 전까지 신청 + 담보 제공 ② 납부유예 허가의 취소: 해당 주택을 타인에게 양도하거나 증여하는 경우 등	① 1세대 1주택자 + 그 납부기한 만료 3일 전까지 신청 + 담보 제공 ② 납부유예 허가의 취소: 해당 주택을 타인에게 양도하거나 증여하는 경우 등	—

부동산세법 중요비교정리 2-2 : 절차적 사항 – 물납과 분할납부

	물납	분할납부		
	재산세	재산세	종합부동산세	양도소득세
	① 1천만원 초과 + 관할구역 부동산 ② 납부기한 10일 전까지 ③ 과세기준일 현재의 시가 ④ 불허가 통지를 받은 납세의무자가 관리·처분이 가능한 다른 부동산으로 변경 신청하는 경우에는 변경하여 허가할 수 있음	① 납부세액이 250만원을 초과 + 일부 +3개월 이내 ② 분할납부세액 　㉠ 500만원 이하: 250만원을 초과하는 금액 　㉡ 500만원 초과: 그 세액의 100분의 50 이하의 금액 ③ 납부기한까지 ④ 납부기한 내에 납부하여야 할 납세고지서와 분할납부기간 내에 납부하여야 할 납세고지서로 구분하여 수정고지	① 납부하여야 할 세액이 250만원을 초과 + 일부 +6개월 이내 ② 분납할 수 있는 세액 　㉠ 250만원 초과 5배만원 이하: 해당 세액에서 250만원을 차감한 금액 　㉡ 5배만원 초과: 해당 세액의 100분의 50 이하의 금액 ③ 납부기한까지 ④ 수정고지	① 납부할 세액이 1천만원을 초과 + 일부 +2개월 이내 ② 분납할 수 있는 세액 　㉠ 2천만원 이하: 1천만원을 초과하는 금액 　㉡ 2천만원 초과: 그 세액의 100분의 50이하의 금액 ③ 예정신고기간까지 또는 확정신고기한까지

납부세액	분할납부세액		
	재산세	종합부동산세	양도소득세
400만원	150만원	150만원	–
600만원	300만원	300만원	–
1천 800만원	900만원	900만원	800만원
3천 600만원	1천 800만원	1천 800만원	1천 800만원

구 분	취득세	등록면허세	재산세		소방분 지역자원시설세	종합부동산세	종합부동산세에 부가되는 농어촌특별세	소득세	
			재산세 도시지역분 포함	재산세에 부가되는 지방교육세				종합소득세	양도소득세
물납			○	○					
분할납부			○	○	○	○	○	○	○

부동산세법 중요비교교정리 3-1 : 납세의무자 등

취득세	등록면허세	재산세	종합부동산세	양도소득세
개인 + 법인	개인 + 법인	개인 + 법인	개인 + 법인	개 인
① 등기·등록 등을 하지 아니한 경우라도 사실상 취득: 소유자 또는 양수인 ② 주체구조부 취득자 ③ 토지의 지목변경 등: 변경시점의 소유자. 이 경우 환지는 조합원, 체비지 또는 보류지는 사업시행자 ④ 과점주주: 연대납세의무 ⑤ 상속인 각자: 연대납세의무 ⑥ 조합주택용 부동산은 조합원 ⑦ 차량 등을 임차하여 수입하는 자 등 ⑧ 택지공사가 준공된 토지의 정원 등을 조성·설치하는 경우: 토지의 소유자 ⑨ 건축물을 건축하면서 정원 등을 조성·설치하는 경우: 건축물을 취득하는 자 ⑩ 신탁재산의 위탁자 지위의 이전: 새로운 위탁자 ⑪ 甲 소유의 미등기건물에 乙이 등기신청: 甲 ⑫ 한지개량 등은 건축물을 그 소유자가 원시취득, 토지의 경우에는 그 초과한 면적에 한정하여 승계취득 한 것으로 봄	① 등록을 하는 자(=등기권리자) ㉠ 근저당권 ⓐ 설정: 근저당권자 ⓑ 말소: 근저당권 설정자 ㉡ 전세권 ⓐ 설정: 전세권자 ⓑ 말소: 전세권 설정자 ② 등기·등록이 된 이후 법원의 판결 등에 의해 그 등기 또는 등록이 무효 또는 취소가 되어 등기·등록이 말소된 경우: 이미 납부한 등록면허세는 과오납으로 환급할 수 없음	① 과세기준일(6월 1일) 사실상 소유하고 있는 자 ㉠ 과세기준일에 양도·양수된 경우: 양수인 ㉡ 공유재산: 지분권자(균등) ㉢ 주택의 건물과 부속토지의 소유자가 다를 경우: 시가표준액 비율로 안분 ② 소유권의 변동신고를 하지 아니한 경우와 종중소유임을 신고하지 아니한 경우: 공부상 소유자 ③ 상속등기가 이행되지 아니하고 사실상 소유자를 신고하지 아니한 경우: 주된 상속자(지분↑ − 나이↑) ④ 국가 등+사용권 무상: 매수계약자 또는 무상으로 받은 자 ⑤ 수탁자 명의 신탁재산 ㉠ 원칙: 위탁자 ㉡ 수탁자의 물적납세의무 ⑥ 체비지 또는 보류지: 사업시행자 ⑦ 임차하여 수입: 수입하는 자 ⑧ 파산재단: 공부상 소유자 ⑨ 소유권 귀속 불분명: 사용자	① 주택 ㉠ 재산세의 납세의무자 ㉡ 수탁자의 명의로 등기 또는 등록된 신탁주택 ⓐ 원칙: 위탁자 ⓑ 수탁자의 물적납세의무 ② 토지 ㉠ 종합합산: 5억원 초과 ㉡ 별도합산: 80억원 초과 ㉢ 수탁자의 명의로 등기 또는 등록된 신탁토지 ⓐ 원칙: 위탁자 ⓑ 수탁자의 물적납세의무	① 개인 ㉠ 거주자: 국내에 주소를 두거나 183일 이상 거소(국내소득 +국외소득), 다만, 국외자산양도에 대한 납세의무자는 자산의 양도일까지 계속 5년 이상 국내에 주소 또는 거소를 둔 거주자 ㉡ 비거주자: 거주자가 아닌 자 (국내소득) ② 법인으로 보지 아니하는 단체: 거주자 또는 비거주자로 보아 소득세법 적용

부동산세법 중요비교정리 3-2 : 납세의무자

취득세 납세의무자 등

② 건축물 중 조작 설비, 그 밖의 부대설비에 속하는 부분으로서 그 주체구조부와 하나가 되어 건축물로서의 효용가치를 이루고 있는 경우 대하여는 주체구조부 취득자 외의 자가 가설한 경우에도 주체구조부의 취득자가 함께 취득한 것으로 본다.

⑪ 대위등기 납세의무자 등

㉠ "갑" 소유의 미등기건물에 대하여 "을"이 채권확보를 위하여 법원의 판결에 의한 소유권보존등기를 "갑"의 명의로 등기할 경우의 취득세 납세의무는 "갑"에게 있다.

㉡ 채권자대위자의 신고납부

ⓐ 채권자대위자는 납세의무자를 대위하여 부동산의 취득에 대한 취득세를 신고납부할 수 있다. 이 경우 채권자대위자는 행정안전부령으로 정하는 바에 따라 납부확인서를 발급받을 수 있다.

ⓑ 지방자치단체의 장은 채권자대위자의 신고납부가 있는 경우 납세의무자에게 그 사실을 즉시 통보하여야 한다.

⑫ 「도시개발법」에 따른 도시개발사업과 「도시 및 주거환경정비법」에 따른 정비사업의 시행으로 해당 사업의 대상이 되는 부동산의 소유자(상속인을 포함)가 소유권을 원시취득한 것으로 보며, 토지의 경우에는 그 소유자가 승계취득한 것으로 본다. 이 경우 토지는 당초 소유한 토지 면적을 초과하는 경우로서 그 초과한 면적에 해당하는 부분에 한정하여 취득한 것으로 본다.

재산세

② 공부상 소유자 등 신고의무

다음의 어느 하나에 해당하는 자는 과세기준일부터 15일 이내에 그 소재지를 관할하는 지방자치단체의 장에게 그 사실을 알 수 있는 증거자료를 갖추어 신고하여야 한다.

㉠ 재산의 소유권 변동 또는 과세대상 재산의 변동 사유가 발생하였으나 과세기준일까지 그 등기·등록이 되지 아니한 재산의 공부상 소유자

㉡ 상속이 개시된 재산으로서 상속등기가 되지 아니한 경우에는 제107조 제2항 제2호에 따른 주된 상속자

㉢ 사실상 종중재산으로서 공부상에는 개인 명의로 등재되어 있는 재산의 공부상 소유자

㉣ 수탁자 명의로 등기·등록된 신탁재산의 수탁자

㉤ 1세대가 둘 이상의 주택을 소유하고 있음에도 제111조의2 제3항에 따른 세율을 적용받으려는 경우에는 그 세대원

㉥ 공부상 등재현황과 사실상의 현황이 다르거나 사실상의 현황이 변경된 경우에는 해당 재산의 사실상 소유자

⑨ 사용자

㉠ 재산세 과세기준일 현재 소유권의 귀속이 분명하지 아니하여 사실상의 소유자를 확인할 수 없는 경우에는 그 사용자가 재산세를 납부할 의무가 있다.

㉡ ㉠에 따라 소유권의 귀속이 분명하지 아니하여 재산세를 납부할 의무가 있는 사용자를 납세의무자로 보아 재산세를 부과하려는 경우에는 그 사실을 사용자에게 미리 통지하여야 한다.

부동산세법 중요비교정리 4-1 : 과세대상

취득세	등록면허세	재산세	종합부동산세	양도소득세
① 부동산 : 토지, 건축물	공부에 등기하거나 등록하는 것. 단만, 취득세에 준하는 것은 취득을 원인으로 이루	① 토지	① 주택	① 토지 또는 건물
② 부동산에 준하는 것 : 차량, 기계 장비, 입목, 항공기, 선박	어지는 등기 또는 등록은 제외하되,	㉠ 분리(저율+고율)	② 토지	② 부동산에 관한 권리
③ 각종 권리 : 광업권, 어업권, 양식 업권, 골프회원권, 승마회원권, 콘	다음의 등기나 또는 등록 포함	㉡ 합산	㉠ 종합합산	㉠ 부동산을 이용할 수 있는 권리 : 지상권, 전세권, 등기된 부동산 임차권
도미니엄회원권, 종합체육시설이 용회원권, 요트회원권	① 광업권·어업권 및 양식업권의 등록	ⓐ 종합합산	㉡ 별도합산	㉡ 부동산을 취득할 수 있는 권리
	② 외국인 소유의 물건(차량, 기계장 비, 항공기 및 선박만 해당)의 연 부 취득에 따른 등기 또는 등록	ⓑ 별도합산		ⓐ 건물이 완성되는 때에 그 건물 등을 취득할 수 있는 권리 : 조합원입주권, 분양권
	③ 취득세 부과제척기간이 경과한 물 건의 등기 또는 등록	② 건축물		ⓑ 토지상환채권, 주택상환사채
	④ 취득세 면세점에 해당하는 물건의 등기 또는 등록	③ 주택(토지+건물)		ⓒ 계약금만 지급한 상태에서 양도하는 권리
		④ 선박		③ 기타자산
		⑤ 항공기		㉠ 사업에 사용하는 토지 또는 건물 및 부동산에 관한 권리와 함께 양도하는 영업권
				㉡ 토지 또는 건물과 함께 양도하 는 이축권(별도로 평가하여 신 고하는 경우는 제외)
				㉢ 시설물이용권(관련 주식 포함) : 골프회원권 등
				④ 주식 등
				⑤ 파생상품 등
				⑥ 신탁 수익권

부동산세법 중요비교정리 4-2 : 과세대상 - 재산세 과세대상의 구분 등

재산세

1. 재산세 과세대상의 구분

(1) 공부상 등재현황과 사실상의 현황이 다른 경우 등

① 재산세의 과세대상 물건이 공부상 등재되지 아니하였거나 공부상 등재현황과 사실상의 현황이 다른 경우 : 사실상의 현황

② 다만, 다음의 경우에는 공부상 등재현황에 따라 재산세를 부과

㉠ 관계 법령에 따라 허가 등을 받아야 함에도 허가 등을 받지 않고 재산세의 과세대상 물건을 이용하는 경우로서 사실상 현황에 따라 재산세를 부과하면 오히려 재산세 부담이 낮아지는 경우

㉡ 재산세 과세기준일 현재의 사용이 일시적으로 공부상 등재현황과 달리 사용하는 것으로 인정되는 경우

(2) 주택 : 토지와 건축물의 범위에서 주택은 제외

① 주택의 부속토지의 경계가 명백하지 아니한 경우 : 그 주택의 바닥면적의 10배

② 주거용과 주거 외의 용도를 겸하는 건물

㉠ 1동 : 주거용으로 사용되는 부분만을 주택으로 봄

㉡ 1구 : 주거용으로 사용되는 면적이 전체의 100분의 50 이상인 경우에는 주택으로 봄

㉢ 건축물에서 허가 등이나 사용승인(임시사용승인을 포함)을 받지 아니하고 주거용으로 사용하는 면적이 전체 건축물 면적(허가 등이나 사용승인을 받은 면적을 포함)의 100분의 50 이상인 경우에는 그 건축물 전체를 주택으로 보지 아니하고 그 부속토지는 종합합산과세대상에 해당하는 토지로 봄

③ 다가구주택 : 구분된 부분을 1구

2. 토지에 대한 재산세의 과세방법

(1) 분리과세대상

① 농지

㉠ 개인 : 영농 + 군·읍·면, 도시지역 밖, 개발제한구역·녹지지역

㉡ 법인 : 농업법인, 한국농어촌공사, 1990. 5. 31 이전 사회복지사업자, 매립·간척, 1990. 5. 31 이전 종중

② 목장용지 : 도시지역 밖, 개발제한구역·녹지지역(1989. 12. 31 이전) + 이내

③ 임야 : 지정문화재, 공원자연환경지구, 1990. 5. 31 이전 종중, 1990. 5. 31 이전 상수원보호구역, 1989. 12. 31 이전 개발제한구역 등

④ 공장용지 등

㉠ 이내 + 군·읍·면, 산업단지·공업지역

㉡ 국방상 공장, 염전, 여객자동차터미널·물류터미널, 공모부동산투자회사

⑤ 회원제골프장용토지와 고급오락장용 토지

(2) 별도합산과세대상

① 공장용지 : 이내 + 군·읍·면, 산업단지·공업지역 제외

② 영업용 건축물 토지 + 이내

③ 차고용 토지 + 이내, 자동차운전학원용 토지 + 이내, 체육시설의 설치·이용에 관한 법률 시행령 제12조에 따른 스키장 및 골프장용 토지 중 원형이 보전된 임야

(3) 종합합산과세대상 : 별도합산과세대상 또는 분리과세대상을 제외한 토지

① 공장용지 + 초과

② 건축물(공장용 건축물 제외)이 시가표준액이 토지의 시가표준액의 100분의 2에 미달 : 건축물의 바닥면적을 제외한 토지

③ 허가 등을 받지 아니한 또는 사용승인을 받지 아니한 건축물의 토지

부동산세법 중요비교정리 5 : 비과세

취득세	등록면허세	재산세	종합부동산세	양도소득세
① 국가 등 ㉠ 국가 등의 취득 : 대한민국에 과세하는 외국정부는 과세 ㉡ 국가 등에 귀속·기부채납 부동산·사회기반시설. 다만, 타인에게 매각 등 또는 무상 사용권을 제공받는 경우는 과세 ② 그 밖의 경우 ㉠ 신탁법에 따른 위탁자와 수탁자 또는 신수탁자의 이전. 다만, 주택조합 등과 명의신탁해지는 과세 ㉡ 징발재산 또는 국가보위에 따른 환매권 ㉢ 1년을 초과하지 아니하는 일시적 건축물. 다만, 사치성재산은 과세 ㉣ 9억원 이하 공동주택의 개수. 다만, 대수선은 과세 ㉤ 천재지변 등으로 사용할 수 없는 차량 상속 등	① 국가 등 ㉠ 국가 등의 등록 : 대한민국에 과세하는 외국정부는 과세 ㉡ 체납 + 압류해제 ② 공무원의 착오 + 지번 경정 ③ 묘지	① 국가 등 ㉠ 국가 등의 보유 재산 : 대한민국에 과세하는 외국정부는 과세 ㉡ 국가 등이 1년 이상 공용·공공용으로 사용하는 재산. 다만, 유료 또는 유상이전 약정은 과세 ② 그 밖의 경우 ㉠ 도로(휴게시설 등과 대지 안의 공지는 과세)·하천·제방(특정인이 전용하는 제방은 과세)·구거·유지 및 묘지 ㉡ 그 밖에 다음의 토지 ⓐ 통제보호구역에 있는 토지. 다만, 전·답·과수원 및 대지는 과세 ⓑ 산림보호구역 및 채종림·시험림 ⓒ 공원자연보존지구의 임야 ⓓ 백두대간보호지역의 임야 ㉢ 임시사용 건축물로서 과세기준일 현재 1년 미만인 것. 다만, 사치성은 과세 ㉣ 철거명령 등 + 건축물 또는 주택. 다만, 토지는 과세 ㉤ 비상재해구조용 등 선박	① 원칙 : 재산세 준용 ② 예외 : 적합하지 않은 경우 준용하지 아니함	① 1세대 1주택 : 1세대 + 1주택 + 2년 이상 ㉠ 1세대로 보는 경우 ⓐ 30세 이상 ⓑ 사망·이혼 ⓒ 100분의 40 이상 ㉡ 1주택으로 보는 경우 ⓐ 수도권 밖의 주택 : 3년 이내 ⓑ 동거봉양 : 60세 이상 또는 요양은 60세 미만 + 10년 이내 ⓒ 혼인 : 5년 이내 ⓓ 귀농주택 : 5년 이내 ⓔ 일시적 2주택 : 1년 이상 + 3년 이내 ㉢ 보유기간 및 거주기간 등의 제한을 받지 않는 경우 ⓐ 5년 이상 거주한 건설임대주택 ⓑ 사업인정 고시일 전 + 수용 ⓒ 해외이주 : 출국일부터 2년 이내 ⓓ 1년 이상 국외거주 : 출국일부터 2년 이내 ⓔ 1년 이상 거주 + 다른 시·군으로 취학·근무상·질병요양 ② 농지 교환·분합 ㉠ 가액요건 : 쌍방 토지가액의 차액이 가액이 큰 편의 4분의 1 이하 ㉡ 경작요건 : 3년 이상(수용은 3년 경작한 것으로 보며, 생략은 피상속인과 상속인의 경작기간 통산) ③ 파산선고 ④ 지적공부상의 면적이 변경되어 지급받는 조정금

부동산세법 중요비교정리 6-1 : 과세표준

취득세	등록면허세	재산세	종합부동산세	양도소득세
증가세	증가세 + 중량세	증가세	증가세	증가세
① 과세표준의 기준 ㉠ 취득 당시의 가액 ㉡ 연부: 매회 사실상 지급되는 연부금액 ② 유상 ㉠ 사실상취득가격 = 비용 ㉡ 부당행위계산: 시가인정액 ③ 무상 ㉠ 시가인정액(시가표준액이 1억원 이하: 시가인정액과 시가표준액 중에서 납세자가 정하는 가액) ㉡ 상속: 시가표준액 ④ 부담부증여 ㉠ 채무부담액: 유상 ㉡ 시가인정액에서 채무부담액을 뺀 잔액: 무상 ⑤ 원시취득과 개수 ㉠ 사실상취득가격 ㉡ 법인이 아닌 자 + 사실상취득가격을 확인할 수 없는 경우: 시가표준액 ⑥ 지목을 사실상 변경한 경우 ㉠ 사실상취득가격 ㉡ 법인이 아닌 자 + 사실상취득가격을 확인할 수 없는 경우: 지목변경 이후 시가표준액 - 지목변경 전 시가표준액	① 등록 당시의 가액 ㉠ 신고가액 ㉡ 신고가 없거나 신고가액이 시가표준액보다 적은 경우: 시가표준액 ② 취득세 면세점 등 ㉠ 사실상취득가격(취득세 부과제척기간이 경과한 물건은 등록 당시의 가액과 취득당시가액 중 높은 가액) ㉡ 등록 당시에 자산재평가 또는 감가상각 등의 사유로 그 가액이 달라진 경우: 변경된 가액 ③ 소유권, (소유권이전청구권)가등기, 지상권 설정: 부동산가액 ④ (담보)가등기, 경매신청, 가압류 · 가처분 설정 ㉠ 채권금액 ㉡ 채권금액이 없을 때: 채권의 목적이 된 것의 가액 또는 처분의 제한의 목적이 된 금액 ⑤ 지역권 설정: 요역지가액 ⑥ 전세권 설정: 전세금액 ⑦ 임차권 설정: 월임대차금액 ⑧ 말소등기, 지목변경 등: 등록의 건수	① 토지: 시가표준액×100분의 70의 공정시장가액비율 ② 건축물: 시가표준액 × 100분의 70의 공정시장가액비율 ③ 주택: 시가표준액×100분의 60의 공정시장가액비율 ④ 선박: 시가표준액 ⑤ 항공기: 시가표준액 □ 1세대 1주택의 공정시장가액비율 ① 3억원 이하: 100분의 43 ② 3억원 초과 6억원 이하: 100분의 44 ③ 6억원 초과: 100분의 45 □ 주택 과세표준상한액 주택의 과세표준이 과세표준상한액보다 큰 경우에는 주택의 과세표준은 과세표준상한액으로 함 □ 시가표준액 ① 토지 및 주택 ㉠ 공시된 가액이 있는 경우 ⓐ 토지: 개별공시지가 ⓑ 단독주택: 개별주택가격 ⓒ 공동주택: 공동주택가격 ㉡ 공시된 가액이 없는 경우: 시장 등이 산정한 가액 ② 토지 및 주택 이외의 건축물: 지방자치단체의 장이 결정한 가액	① 주택 ㉠ 개인 ⓐ 일반적인 경우: (주택의 공시가격 합계액-9억원) × 100분의 60 공정시장가액비율 ⓑ 단독소유 1세대 1주택자인 거주자인 경우: (주택의 공시가격 합계액-12억원) × 100분의 60 공정시장가액비율 ㉡ 1천분의 27 또는 1천분의 50의 비례세율이 적용되는 법인: 주택의 공시가격 합계액 × 100분의 60의 공정시장가액비율 ② 토지 ㉠ 종합합산: (종합합산토지 공시가격 합계액-5억원) × 100의 100의 공정시장가액비율 ㉡ 별도합산: (별도합산토지 공시가격 합계액-80억원) × 100의 100의 공정시장가액비율	① 양도차익의 계산: 양도가액-필요경비(취득가액+자본적지출액+양도비) ㉠ 실지거래가액 ㉡ 추계순서 ⓐ 양도가액: 매매사례가액 → 감정가액 → 기준시가 ⓑ 취득가액: 매매사례가액 → 감정가액 → 환산취득가액 → 기준시가 ② 양도소득금액의 계산: 양도차익-장기보유특별공제 ③ 양도소득과세표준의 계산: 양도소득금액-양도소득기본공제

부동산세법 중요비교정리 6-2 : 과세표준

취득세 : 사실상취득가격의 범위	종합부동산세 : 단독소유 + 1세대 1주택 + 거주자

사실상취득가격이란 해당 물건을 취득하기 위하여 거래 상대방 또는 제3자에게 지급했거나 지급해야 할 직접비용과 다음의 어느 하나에 해당하는 간접비용의 합계액을 말한다. 다만, 취득대금을 일시금 등으로 지급하여 일정액을 할인받은 경우에는 그 할인된 금액으로 하고, 뱉이 아닌 자가 취득한 경우에는 건설자금이자, 할부이자 등 또는 중개보수의 금액을 제외한 금액으로 한다.

구 분		포함 여부	
		법인	개인
직접비용	계약금, 중도금, 잔금	○	○
	건설자금이자	○	×
	할부·연부이자 및 연체료	○	×
	의무	○	○
	필요	○	○
	약정	○	○
	채권 매각차손(금융회사 한도)	○	○
간접비용	중개보수	○	×
	설치비용	○	○
	판매	×	×
	전기·가스·열	×	×
	별개	×	×
	부가가치세	×	×
할인금액		×	×

(1) 과세표준 계산시 공제 : 12억원
(2) 세액공제 : [①과 ②은 최대 100분의 80의 범위 내에서 중복 적용]
  ① 연령별 세액공제 : 만 60세 이상인 자
    ㉠ 만 60세 이상 만 65세 미만 : 100분의 20
    ㉡ 만 65세 이상 만 70세 미만 : 100분의 30
    ㉢ 만 70세 이상 : 100분의 40
  ② 보유기간별 세액공제 : 5년 이상 보유한 자
    ㉠ 5년 이상 10년 미만 : 100분의 20
    ㉡ 10년 이상 15년 미만 : 100분의 40
    ㉢ 15년 이상 : 100분의 50
(3) 공동명의 1주택자의 납세의무 등에 관한 특례 : 단독소유 1주택으로 신청할 수 있음
(4) 동가봉양 또는 혼인의 경우 각각 1세대로 보는 기간
  ① 동가봉양 : 10년 동안
  ② 혼인 : 5년 동안

부동산세법 중요비교정리 6-3 : 과세표준 − 양도소득세의 양도가액과 취득가액의 산정원리 등

□ 양도가액과 필요경비(취득가액 + 자본적지출액 + 양도비)의 산정원리

양도가액	실지거래가액	→	주제 : 매매사례가액 → 감정가액 → 기준시가
− 취득가액	실지거래가액	→	주제 : 매매사례가액 → 감정가액 → 환산취득가액 → 기준시가
		→	
− 자본적 지출액	자본적 지출액		주제 : 필요경비개산공제
− 양도비	양도비		
= 양도차익			

1. 양도차익의 계산

양도차익을 계산할 때 양도가액을 실지거래가액(매매사례가액 · 감정가액이 적용되는 경우 그 매매사례가액 · 감정가액 등을 포함)에 따를 때에는 취득가액도 실지거래가액(매매사례가액 · 감정가액 · 환산취득가액이 적용되는 경우 그 매매사례가액 · 감정가액 · 환산취득가액 등을 포함)에 따르고, 양도가액을 기준시가에 따를 때에는 취득가액도 기준시가에 따른다.

2. 취득가액을 환산취득가액으로 추계결정한 경우

양도차익 계산시 취득가액을 환산취득가액으로 추계결정한 경우로서 ①의 금액이 ②의 금액보다 적은 경우에는 ②의 금액을 필요경비로 할 수 있음

① 환산취득가액과 필요경비개산공제액의 합계액
② 자본적 지출액과 양도비의 합계액

구 분	필요경비 : MAX(①, ②)		비 고
	실지거래가액(②)	추계(①)	
취득가액	×	환산취득가액	양도당시의 실지거래가액 등 × [취득당시의 기준시가 / 양도당시의 기준시가]
자본적 지출액	○	필요경비개산공제액	토지 또는 건물에 대한 취득당시 기준시가 × 100분의 3(미등기 : 취득당시 기준시가 × 1,000분의 3)
양도비	○		

3. 건물 신축 또는 증축 + 5년 이내 양도 + 감정가액 또는 환산취득가액으로 주제 : 감정가액 또는 환산취득가액의 100분의 5의 금액을 결정세액에 더함

부동산세법 중요비교정리 6-4 : 과세표준 - 양도소득세의 양도차익 계산시 실지거래가액에 의한 필요경비 포함 여부

구 분		포함	불포함
취득가액		취득세와 관련 부가세	상속세 등
		현재가치할인차금	필요경비에 산입한 금액
		부가가치세법 제10조 제1항 및 제6항 부가가치세	—
		취득관련 소송비용·화해비용 등	부당행위계산에 의한 시가초과액
			필요경비에 산입한 금액
		약정에 의한 이자상당액	지급기일 지연에 따른 이자상당액
			감가상각비로 필요경비에 산입한 금액
			지적공부상 면적 증가로 징수하는 조정금
자본적 지출액		감가상각자산의 내용연수를 연장시키거나 자산의 가치를 현실적으로 증가시키는 수선비	수익적지출액
		취득 이후 소송비용·화해비용 등	필요경비에 산입한 금액
		수용·보상금 관련 소송비용·화해비용 등	필요경비에 산입한 금액
		용도변경, 개량, 이용편의를 위하여 지출한 비용	—
		납부의무자와 양도자가 동일한 경우 개발부담금, 재건축부담금	—
		수익자부담금 등의 사업비용, 장애철거비용, 도로 시설비, 사방사업에 소요된 비용 등	
		주택의 이용편의를 위한 베란다 샷시, 거실 및 방 확장공사비, 난방시설 교체비 등의 내	정상적인 수선 또는 부동산 본래의 기능을 유지하기 위한 경미한 개량인 벽지·장판의
		부시설의 개량을 위한 공사비	교체, 싱크대 및 주방기구 교체비용, 옥상 방수공사비, 타일 및 변기공사비
양도비		과세표준 신고서 작성비용 및 계약서 작성비용, 공증비용, 인지대 및 소개비, 명도비용	간접비용
		금융기관 매각차손을 한도로 국민주택채권 및 토지개발채권 매각차손	—

부동산세법 중요비교정리 6-5 : 과세표준 – 부당행위계산

취득세	양도소득세
부당행위계산의 유형 : 특수관계인 간 저가양수 ① 지방자치단체의 장은 특수관계인 간의 거래로 그 취득에 대한 조세부담을 부당하게 감소시키는 행위 또는 계산을 한 것으로 인정되는 경우에는 시가인정액을 취득당시가액으로 결정할 수 있다. ② 부당행위계산은 특수관계인으로부터 시가인정액보다 낮은 가격으로 부동산을 취득한 경우로서 시가인정액과 사실상취득가격의 차액이 3억원 이상이거나 시가인정액의 100분의 5에 상당하는 금액 이상인 경우로 한다.	양도소득의 부당행위계산 : 특수관계인 간 고가양수 또는 저가양도 ① 특수관계인과의 거래에 있어서 토지등을 시가를 초과하여 취득하거나 시가에 미달하게 양도함으로써 조세의 부담을 부당히 감소시킨 것으로 인정되는 때에는 그 취득가액 또는 양도가액을 시가에 의하여 계산한다. ② "조세의 부담을 부당하게 감소시킨 것으로 인정되는 경우"란 시가와 거래가액의 차액이 3억원 이상이거나 시가의 100분의 5에 상당하는 금액 이상인 경우로 한정한다.

부동산세법 중요비교정리 6-6 : 과세표준 – 양도소득세 – 이월과세(=필요경비 계산특례)와 양도행위 부인 비교

구 분	이월과세(필요경비 계산특례)	양도행위 부인
수증자와의 관계	배우자(이혼은 포함, 사망은 제외) 또는 직계존비속	특수관계인(이월과세가 적용되는 배우자 또는 직계존비속은 제외)
적용대상자산	토지 또는 건물, 부동산을 취득할 수 있는 권리, 시설물이용권	불문
양도일까지의 기간	10년 이내	10년 이내(증여받은 자의 증여세와 양도소득세를 합한 세액이 증여자가 직접 양도하는 경우로 보아 계산한 양도소득세에 따른 세액보다 적은 경우에 적용)
납세의무자	수증자	증여자
취득가액	증여자	증여자
자본적 지출액	증여자	증여자
양도비	수증자	증여자
장기보유특별공제	증여자	증여자
세율	증여자	증여자
양도소득세의 연대납세의무	없음	있음
증여세	양도차익 계산시 필요경비에 산입	부과를 취소하고 수증자에게 환급
적용배제	① 사업인정고시일부터 소급하여 2년 이전에 증여받은 경우로서 수용되는 경우 ② 이월과세의 적용으로 1세대 1주택의 비과세규정을 적용받는 주택의 경우 ③ 이월과세를 적용하여 계산한 양도소득 결정세액이 이월과세를 적용하지 아니하고 계산한 양도소득 결정세액보다 적은 경우	① 증여받은 자의 증여세와 양도소득세를 합한 세액이 증여자가 직접 양도하는 경우로 보아 계산한 양도소득세에 따른 세액보다 큰 경우에 적용 ② 양도소득이 수증자에게 실질적으로 귀속된 경우

부동산세법 중요비교정리 7-1: 세율

취득세	등록면허세	재산세	종합부동산세	양도소득세
정률세	정률세 + 정액세	정률세	정률세	정률세

취득세 (정률세)

1. 표준세율: 조례 ±100분의 50
① 유상승계
　㉠ 주택
　　ⓐ 6억원 이하: 1천분의 10
　　ⓑ 6억원 초과 9억원 이하: 재산식
　　ⓒ 9억원 초과: 1천분의 30
　㉡ 농지: 1천분의 30
　㉢ 주택·농지 외: 1천분의 40
② 상속
　㉠ 농지: 1천분의 23
　㉡ 농지 외: 1천분의 28
③ 증여
　㉠ 비영리: 1천분의 28
　㉡ 비영리 외: 1천분의 35
④ 원시: 1천분의 28
⑤ 공유물 분할(본인 지분): 1천분의 23
⑥ 합유물·총유물 분할: 1천분의 23
2. 중과세율
3. 세율의 특례

등록면허세 (정률세 + 정액세)

1. 표준세율: 조례 ±100분의 50
① 소유권: 부동산가액
　㉠ 보존: 1천분의 8
　㉡ 이전
　　ⓐ 유상: 1천분의 20(주택: 취득세율×100분의 50)
　　ⓑ 무상: 상속은 1천분의 8, 상속 외는 1천분의 15
② 가등기: 부동산가액 또는 채권금액 1천분의 2
③ 지상권: 부동산가액 1천분의 2
④ 경매신청, 가압류, 저당권, 가처분: 채권금액 1천분의 2
⑤ 지역권: 요역지가액 1천분의 2
⑥ 전세권: 전세금액 1천분의 2
⑦ 임차권: 월임대차금액 1천분의 2
⑧ 말소등기 등: 1건당 6천원
2. 중과세율

재산세 (정률세)

1. 표준세율: 조례 ±100분의 50(해당 연도에만 적용)
① 토지
　㉠ 분리
　　ⓐ 농지, 목장용지, 임야: 1천분의 0.7
　　ⓑ 공장용지 등: 1천분의 2
　　ⓒ 회원제 골프장용, 고급오락장용 토지: 1천분의 40
　㉡ 합산
　　ⓐ 종합: 1천분의 2~1천분의 5의 3단계
　　ⓑ 별도: 1천분의 2~1천분의 4의 3단계
② 건축물
　㉠ 회원제 골프장, 고급오락장: 1천분의 40
　㉡ 시(읍·면은 제외)지역 등의 주거지역 등의 공장용 건축물: 1천분의 5
　㉢ 그 밖의 건축물: 1천분의 2.5
③ 주택
　㉠ 9억원 이하 + 1세대 1주택: 1천분의 0.5~1천분의 3.5의 4단계
　㉡ 그외: 1천분의 1~1천분의 4의 4단계
④ 선박
　㉠ 고급선박: 1천분의 50
　㉡ 그 외: 1천분의 3
⑤ 항공기: 1천분의 3
2. 중과세율

종합부동산세 (정률세)

1.
① 개인
　㉠ 주택
　　ⓐ 2주택 이하: 1천분의 5~1천분의 27의 7단계
　　ⓑ 3주택 이상: 1천분의 5~1천분의 50의 7단계
　㉡ 법인(공익법인 등은 제외)
　　ⓐ 2주택 이하: 1천분의 27
　　ⓑ 3주택 이상: 1천분의 50
② 토지
　㉠ 종합: 1천분의 10~1천분의 30의 3단계
　㉡ 별도: 1천분의 5~1천분의 7의 3단계

양도소득세 (정률세)

1. 토지, 건물, 부동산에 관한 권리
① 미등기: 100분의 70
② 등기
　㉠ 주택, 조합원입주권 분양권 제외
　　ⓐ 1년 미만: 100분의 50
　　ⓑ 1년 이상 2년 미만: 100분의 40
　　ⓒ 2년 이상: 6%~45%의 8단계
　㉡ 주택, 조합원입주권
　　ⓐ 1년 미만: 100분의 70
　　ⓑ 1년 이상 2년 미만: 100분의 60
　　ⓒ 2년 이상: 6%~45%의 8단계
　㉢ 분양권
　　ⓐ 1년 미만: 100분의 70
　　ⓑ 1년 이상 2년 미만: 100분의 60
　　ⓒ 2년 이상: 100분의 60
　㉣ 비사업용토지: 16%~55%의 8단계
　㉤ 조정대상지역 1세대 2주택 등: 2년 이상 보유시 6%~45%의 8단계
　㉥ 중복: 산출세액 중 큰 세액
2. 기타자산: 6%~45%의 8단계

부동산세법 중요비교정리 7-2 : 세율 – 지방세의 중과세율

구분		취득세	등록면허세	재산세
주택		주택 공유지분, 주택 부속토지, 신탁주택(위탁자), 조합원입주권, 분양권, 주택으로 과세하는 오피스텔 : 주택 수에 포함	—	—
중과세율	사치성	① 회원제 골프장, 고급오락장, 고급선박, 고급주택 : 표준세율 + 중과세기준세율의 100분의 400 ② 토지의 정계가 불분명 : 건축물 바닥면적의 10배 ③ 중과에서 제외되는 용도변경공사 : 60일[상속 : 상속개시일이 속하는 달의 말일부터 6개월(외국 9개월)]	—	공장 신설 · 증설의 건축물 : 5년간 1 천분의 2.5의 100분의 500
	과밀억제권역	① 본점(영리법인) · 주사무소(비영리법인) + 신축 · 증축 ② 공장(산업단지 · 유치지역 및 공업지역 제외) + 신설 · 증설	—	—
	대도시	① 법인 설립, 지점 등 설치, 전입에 따른 부동산 ② 중과제외대상 : 은행업, 할부금융업 등	① 설립, 설치, 전입 등기 : 100분의 300 ② 중과제외대상 : 은행업, 할부금융업 등	

부동산세법 중요비교정리 7-3 : 취득세 세율의 특례

표준세율 – 중과기준세율	중과기준세율
① 환매등기 ② 상속 : 1가구 1주택 및 그 부속토지와 감면대상 농지 ③ 법인의 합병 ④ 공유물의 분할(본인 지분을 초과하는 부분인 경우에는 제외) ⑤ 건축물의 이전 다만, 이전한 가액을 초과하는 경우에 그 초과하는 가액에 대하여는 그러하지 아니함 ⑥ 이혼에 따른 재산분할 ⑦ 임목	① 개수(건축물 면적이 증가할 때에는 그 증가된 부분은 제외) ② 차량 등의 종류변경 및 토지의 지목변경으로 가액 증가 ③ 과점주주의 간주취득 ④ 묘지 ⑤ 임시흥행장 등 존속기간이 1년을 초과하는 임시건축물 ⑥ 소유권의 보존등기 또는 소유권의 이전등기에 대한 등록면허세 납세의무가 성립한 후 취득세 ⑦ 정원 등의 조성 · 설치

부동산세법 중요비교정리 8 : 면세점 등과 다가구주택

구 분		취득세	등록면허세	재산세	종합부동산세	소득세
면세점 등	면세점	① 취득가액이 50만원 이하일 때에는 취득세를 부과하지 아니함. 연부취득은 총금액을 기준으로 면세점을 판단	신출한 세액이 6천원 보다 적을 때에는 6천원으로 함	소액징수면제 : 고지서 1장당 징수할 세액이 2천원 미만인 경우에는 해당 세액을 징수하지 아니함	고지금액의 최저한도 : 고지할 국세(인지세는 제외) 및 강제징수비를 합친 금액이 1만원 미만일 때에는 그 금액은 없는 것으로 봄	
		② 1년 이내는 전후의 취득을 1건의 토지 취득 또는 1구의 건축물 취득으로 보아 ①을 적용				
다가구주택		구획된 부분을 각각 1구의 건축물로 봄	—	구분사용할 수 있도록 분리된 부분을 1구의 주택으로 봄	① 단독소유 1세대 1주택자의 범위 판단시 다가구주택은 1주택으로 보되, 합산배제 임대주택으로 신고한 경우에는 1세대가 독립하여 구분 사용할 수 있도록 구획된 부분을 각각 1주택으로 봄	① 양도소득세 : 구획된 부분을 각각 하나의 주택으로 봄. 다만, 해당 다가구주택을 구획된 부분별로 양도하지 아니하고 하나의 매매단위로 하여 양도하는 경우에는 그 전체를 하나의 주택으로 봄
					② 주택분 종합부동산세액을 계산할 때 적용하는 주택 수의 계산시 다가구주택은 1주택으로 봄	② 주거용 건물 임대업 : 1개의 주택으로 보되, 구분등기된 경우에는 각각을 1개의 주택으로 계산

부동산세법 중요비교정리 9-1 : 고급주택과 고가주택

	취득세 : 고급주택	소득세	
		양도소득세 : 고가주택	부동산임대업 : 고가주택
① 단독주택	양도당시 실지거래가액의 합계액이 12억원 초과	과세기간 종료일 또는 양도일 현재 기준시가가 12억원 초과
㉠ 건축물 : 331m² 초과 + 취득당시 시가표준액 9억원 초과			
㉡ 대지 : 662m² 초과 + 취득당시 시가표준액 9억원 초과			
㉢ 시설물			
ⓐ 엘리베이터(200kg 이하는 제외) + 취득당시 시가표준액 9억원 초과			
ⓑ 에스컬레이터 또는 67m² 이상 수영장			
② 공동주택 : 245m²(복층형은 274m²) 초과 + 취득당시 시가표준액 9억원 초과			

부동산세법 중요비교정리 9-2 : 고가주택에 대한 제재

양도소득세 : 비과세요건을 충족한 고가주택 양도차익 등
① 고가주택 양도차익 = 양도차익 × [((양도가액 − 12억원) / 양도가액]
② 고가주택 장기보유특별공제액 = 장기보유특별공제액 × [((양도가액 − 12억원) / 양도가액]

부동산임대업 : 주거용 건물 임대업 과세여부
(1) 월세
① 1주택 소유
㉠ 원칙 : 비과세
㉡ 예외 : 과세
ⓐ 고가주택 : 과세기간 종료일 또는 양도일 현재 기준시가 12억원 초과
ⓑ 국외주택
② 2주택 이상 소유 : 과세
(2) 보증금 등에 대한 간주임대료
① 1주택 소유 : 비과세(=총수입금액에 산입하지 아니함)
② 2주택 소유 : 비과세(=총수입금액에 산입하지 아니함)
③ 3주택 이상 소유 : [40제곱미터 이하+기준시가 2억원 이하]는 제외
㉠ 보증금 등의 합계액 3억원 이하 : 비과세(=총수입금액에 산입하지 아니함)
㉡ 보증금 등의 합계액 3억원 초과 : 과세(=총수입금액에 산입함)

부동산세법 중요비교정리 10 : 공동소유주택의 주택 수 계산

종합부동산세		
	양도소득세	소득세
	부동산임대업	

공동 소유자 각자

양도소득세	소득세 / 부동산임대업
공동 소유자 각자가 그 주택을 소유한 것으로 봄. 그러나 공동상속주택은 해당 거주자의 주택으로 보지 아니함. 다만, 상속지분이 가장 큰 상속인이 가장 큰 상속인→해당 주택에 거주하는 자 → 최연장자의 경우에는 그에 한하지 아니함	① 일반적인 경우 　㉠ 지분이 가장 큰 사람의 소유로 계산(지분이 가장 큰 사람이 2명 이상인 경우로서 그들이 합의하여 그들 중 1명을 해당 주택 임대수입의 귀속자로 정한 경우에는 그의 소유로 계산) 　㉡ 지분이 가장 큰 사람이 아니어도 다음의 어느 하나에 해당하는 경우에는 주택 수에 가산 　　ⓐ 수입금액이 연간 6백만원 이상 　　ⓑ 기준시가가 12억원을 초과하는 경우로서 그 주택의 지분을 100분의 30을 초과하여 보유 ② 본인과 배우자의 경우 : 지분이 더 큰 사람

부동산세법 중요비교정리 11 : 겸용주택

재산세
① 1동 : 주거용으로 사용되는 부분만을 주택 ② 1구 : 주거용으로 사용되는 면적이 전체의 100분의 50 이상인 경우에는 주택으로 봄 ③ 건축물에서 허가 등이나 사용승인(임시사용승인을 포함)을 받지 아니하고 주거용으로 사용하는 면적이 전체 건축물 면적(허가 등이나 사용승인을 받은 면적을 포함)의 100분의 50 이상인 경우에는 그 건축물 전체를 주택으로 보지 아니하고, 그 부속토지는 종합합산과세대상에 해당하는 토지로 봄

양도소득세		
	겸용주택의 판단	
	일반주택	고가주택
구 분	전부 주택	주택 부분만 주택
주택 연면적 > 주택 외의 연면적	전부 주택	주택 부분만 주택
주택 연면적 ≤ 주택 외의 연면적	주택 부분만 주택	주택 부분만 주택

부동산세법 중요비교정리 12 : 취득세 취득시기와 양도소득세 양도 또는 취득시기

구 분	취득세	양도소득세
유상	① 사실상의 잔금지급일 ② 사실상의 잔금지급일을 확인할 수 있는 자료를 제출하지 않은 경우 : 계약상의 잔금지급일. 다만, 계약상 잔금지급일이 명시되지 아니한 경우에는 계약일부터 60일이 경과한 날 ③ 계약해제 : 해당 취득물건을 등기·등록하지 않고 취득일부터 60일 이내에 계약이 해제된 사실이 입증되는 경우에는 취득한 것으로 보지 않음 ④ ①과 ②의 취득시기 전에 등기 또는 등록 : 등기일 또는 등록일	① 대금을 청산한 날(=사실상의 잔금지급일). 이 경우 자산의 대금에는 양수자가 부담하는 양도소득세 등은 제외 ② 대금을 청산한 날이 분명하지 아니한 경우 : 등기·등록접수일 또는 명의개서일 ③ 등기가 빠른 경우 : 등기접수일
연부 장기할부	① 사실상의 연부금지급일 ② ①의 취득시기 전에 등기 또는 등록 : 등기일 또는 등록일	• 소유권이전등기접수일·인도일 또는 사용수익일 중 빠른 날
건축 등	• 사용승인서를 내주는 날(사용승인서를 내주기 전에 임시사용승인을 받은 경우에는 그 임시사용승인일을 말하고, 사용승인서 또는 임시사용승인서를 받을 수 없는 건축물의 경우에는 사실상 사용이 가능한 날을 말함)과 사실상의 사용일 중 빠른 날	• 사용승인서 교부일. 다만, 사용승인서 교부일 전에 사실상 사용하거나 임시사용승인을 받은 경우에는 그 사실상의 사용일 또는 임시사용승인일을 받은 날 중 빠른 날로 하고 그 건축 허가를 받지 아니하고 건축하는 건축물에 있어서는 그 사실상의 사용일
상속	• 상속개시일(유증개시일)	• 상속이 개시된 날
증여 등	① 계약일 ② 계약해제 : 해당 취득물건을 등기·등록하지 않고 취득일이 속하는 달의 말일부터 3개월 이내에 계약이 해제된 사실이 입증되는 경우에는 취득한 것으로 보지 않음 ③ ①의 취득시기 전에 등기 또는 등록 : 등기일 또는 등록일	• 증여를 받은 날(=등기접수일)
점유	• 등기일 또는 등록일	• 점유를 개시한 날
수용	—	• 대금을 청산한 날, 수용의 개시일 또는 소유권이전등기접수일 중 빠른 날 • 다만, 소유권에 관한 소송으로 보상금이 공탁된 경우 : 소유권 관련 소송 판결 확정일
대금 → 완성	—	• 완성 또는 확정된 날
환지처분	—	• 환지 전 토지의 취득일 • 다만, 증가 또는 감소된 경우 : 환지처분의 공고가 있는 날의 다음날
무효판결	—	• 해당 자산의 당초 취득일
비조합원용토지	• 주택조합 : 사용검사를 받은 날 • 주택재건축조합 등 : 소유권이전고시일의 다음 날	—
매립·간척	• 공사준공인가일 • 다만, 공사준공인가일 전에 사용승낙·허가를 받거나 사실상 사용하는 경우 : 사용승낙일·허가일 또는 사실상 사용일 중 빠른 날	—
지목변경 등	• 사실상 변경된 날과 공부상 변경된 날 중 빠른 날 • 다만, 지목변경일 이전에 사용하는 부분 : 그 사실상의 사용일	—
이혼시 재산분할	• 등기일 또는 등록일	• 당초 배우자의 해당 자산 취득일

부동산세법 중요비교정리 13 : 조세채권과 피담보채권의 관계

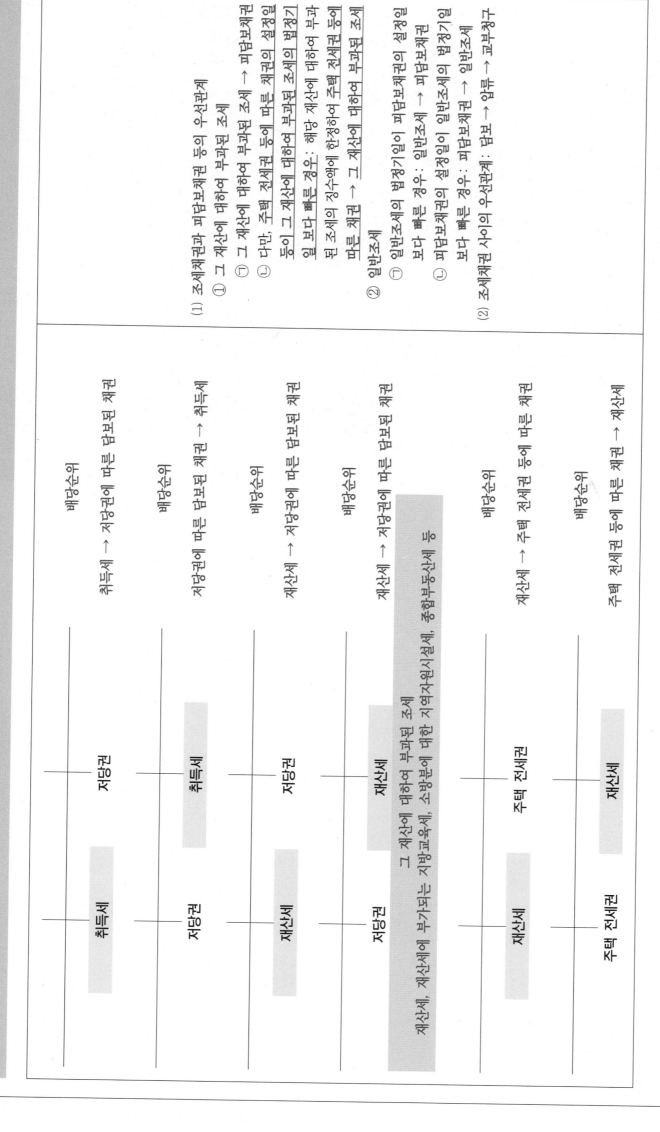

취득세 ── 저당권

배당순위

취득세 → 저당권에 따른 담보된 채권

저당권 ── 취득세

배당순위

저당권에 따른 담보된 채권 → 취득세

재산세 ── 저당권

배당순위

재산세 → 저당권에 따른 담보된 채권

저당권 ── 재산세

배당순위

재산세 → 저당권에 따른 담보된 채권

그 재산에 대하여 부과된 조세
재산세, 재산세에 부가되는 지방교육세, 소방분에 대한 지역자원시설세, 종합부동산세 등

재산세 ── 주택 전세권

배당순위

재산세 → 주택 전세권 등에 따른 채권

주택 전세권 ── 재산세

배당순위

주택 전세권 등에 따른 채권 → 재산세

---

(1) 조세채권과 피담보채권 등의 우선관계
　① 그 재산에 대하여 부과된 조세
　　㉠ 그 재산에 대하여 부과된 조세 → 피담보채권
　　㉡ 다만, 주택 전세권 등에 따른 채권의 설정일 등이 그 재산에 대하여 부과된 조세의 법정기일이 그 재산에 대하여 부과된 조세의 법정기일보다 빠른 경우 : 해당 재산에 대하여 부과된 조세의 징수액에 한정하여 주택 전세권 등에 따른 채권 → 그 재산에 대하여 부과된 조세
　② 일반조세
　　㉠ 일반조세의 법정기일이 피담보채권의 설정일보다 빠른 경우 : 일반조세 → 피담보채권
　　㉡ 피담보채권의 설정일이 일반조세의 법정기일보다 빠른 경우 : 피담보채권 → 일반조세
(2) 조세채권 사이의 우선관계 : 담보 → 압류 → 교부청구

부동산세법 중요비교정리 2

부동산세법 중요비교정리 14 : 취득세의 세율특례와 양도소득세의 비교

1. 취득세 세율의 기본구조

취득세		세율 구조
경제	등기	
중과기준세율 (＝1천분의 20)	표준세율 － 중과기준세율 (유상 ＋ 주택 : 표준세율×50%)	
○	○	표준세율
×	○	세율의 특례 : 표준세율 － 중과기준세율
○	×	세율의 특례 : 중과기준세율

2. 취득세 세율의 특례

표준세율 － 중과기준세율 (유상 ＋ 주택 : 표준세율×50%)	중과기준세율
① 환매등기 ② 상속 　㉠ 1가구 1주택. 다만, 고급주택은 제외 　㉡ 감면대상 농지 ③ 법인의 합병 ④ 공유물의 분할(등기부등본상 본인 지분을 초과하는 부분의 경우에는 제외) ⑤ 건축물의 이전. 다만, 가액을 초과하는 경우에 그 초과하는 가액에 대하여는 그러하지 아니함 ⑥ 이혼에 따른 재산분할 ⑦ 입목	① 개수(건축물 면적이 증가할 때에는 그 증가된 부분은 제외) ② 선박·차량과 기계장비의 종류변경 및 토지의 지목변경으로 가액 증가 ③ 과점주주의 간주취득 ④ 묘지 ⑤ 임시흥행장 등 존속기간이 1년을 초과하는 임시건축물 ⑥ 소유권의 보존등기 또는 소유권의 이전등기에 대한 등록면허세 납세의무가 성립한 후 취득세 규정에 따른 취득시기가 도래 ⑦ 정원 등의 조성·설치

⑴ 환매 비교 : 취득세 세율의 특례와 취득세 비과세

표준세율 － 중과기준세율	비과세
환매등기를 병행하는 부동산의 매매로서 환매기간 내에 매도자가 환매한 경우의 그 매도자와 매수자의 취득	「징발재산정리에 관한 특별조치법」 또는 「국가보위에 관한 특별조치법 폐지법률」에 따른 동원대상지역 내의 토지의 수용·사용에 관한 환매권의 행사로 매수하는 부동산의 취득

□ 취득세의 취득개념과 양도소득세의 양도개념

취득세의 취득개념	양도소득세의 양도개념
경제[원시 ＋ 승계(유상 ＋ 무상)] ＋ 등기	경제(유상으로 사실상 이전)

□ 취득세 취득의 유형

⑴ 배우자 또는 직계존비속의 취득
　① 원칙 : 증여
　② 유상 : 공매[경매 포함], 파산선고, 교환, 대가지급[소득 증명, 소유재산 처분 또는 담보, 상속 또는 수증 재산] 등
⑵ 부담부증여 : 배우자 또는 직계존비속은 ⑴을 준용
　① 채무액 : 유상
　② 채무액을 제외한 부분 : 증여
⑶ 상속재산을 재분할한 결과 특정 상속인이 당초 상속분을 초과하여 취득하게 되는 재산가액
　① 원칙 : 상속분이 감소한 상속인으로부터 증여받아 취득한 것으로 봄
　② 예외 : 상속회복청구의 소 등의 경우에는 상속

☐ 부담부증여

구 분			유형
일반적인 경우	채무		유상
	채무 외		증여
배우자 또는 직계존비속	채무	원칙	증여
		입증되는 경우 ① 공매(경매) ② 파산선고 ③ 교환 : 등기 또는 등록이 필요한 부동산 등 ④ 대가지급 : 소득, 재산 처분 또는 담보, 상속 또는 수증	유상
	채무 외		증여

☐ 양도소득세에서 양도로 보는 경우와 양도로 보지 않는 경우

양도로 보는 경우	양도로 보지 않는 경우
―	무상이전
경매 · 공매	소유자산을 경매 · 공매로 자기가 재취득하는 경우
교환	• 환지처분으로 지목 · 지번이 변경, 보류지 충당
	• 지적경계선 변경을 위하여 토지를 분할하여 교환
현물출자	―
대물변제, 물납, 이혼에 따른 위자료	이혼에 따른 재산분할
수용	―
―	배우자 또는 직계존비속간 이전. 양도로 입증되면 양도
일반적인 부담부증여 : 채무액	일반적인 부담부증여 : 채무액을 제외한 부분
	양도담보. 다만, 채무불이행은 양도
신탁설정시 위탁자의 지배를 벗어나는 경우	신탁설정, 신탁해지
―	공유토지의 지분변경 없는 단순분할
―	매매원인무효의 소

☐ 양도소득세에서 부담부증여

(1) 정의
  ① 부담부증여시 수증자가 부담하는 <u>채무액</u>에 해당하는 부분은 양도로 본다.
  ② "부담부증여의 채무액에 해당하는 부분"이란 부담부증여시 증여자의 채무를 수증자가 인수하는 경우 증여가액 중 그 <u>채무액에 해당하는 부분</u>을 말한다. 다만, 배우자 간 또는 직계존비속 간의 부담부증여(상속세 및 증여세법 제44조에 따라 증여로 추정되는 경우를 포함)로서 같은 법 제47조 제3항 본문에 따라 <u>수증자에게 인수되지 아니한 것으로 추정되는 채무액</u>은 제외한다.

(2) 부담부증여에 대한 양도차익의 계산
  ① 부담부증여 양도가액 = 「상속세 및 증여세법」에 따라 평가한 가액 × [채무액 / 증여가액]
  ② 부담부증여의 취득가액 = 취득당시 취득가액 × [채무액 / 증여가액]

(2) 지분변경이 없는 공유물 분할에 대한 취득세와 양도소득세의 취급

취득세	양도소득세
표준세율 − 중과기준세율	양도 ×

(3) 이혼시 위자료와 재산분할에 대한 취득세와 양도소득세의 취급

위자료		재산분할	
취득세	양도소득세	취득세	양도소득세
표준세율	양도 ○	표준세율 − 중과기준세율	양도 ×

(4) 지방세에서 묘지에 대한 취급

취득세	등록면허세	재산세
중과기준세율	비과세	비과세

부동산세법 중요비교정리 15 : 취득세의 취득의제

1. 토지의 지목을 사실상 변경함으로써 그 가액이 증가한 경우

구 분	내 용
납세의무자	지목변경시점의 소유자
과세표준	① 그 변경으로 증가한 가액에 해당하는 사실상취득가격 ② 법인이 아닌 자 + 사실상취득가격을 확인할 수 없는 경우: 토지의 지목이 사실상 변경된 때를 기준으로 지목변경 이후의 토지에 대한 시가표준액에서 지목변경 전의 시가표준액을 뺀 가액
세율	세율의 특례: 중과기준세율
100분의 80의 중가산세	중가산세 배제

□ 취득세의 중가산세

구 분	내 용
중가산세	납세의무자가 취득세 과세물건을 사실상 취득한 후 신고를 하지 아니하고 매각하는 경우: 산출세액의 100분의 80
중가산세의 배제	① 취득세 과세물건 중 등기 또는 등록이 필요하지 아니하는 과세물건(골프회원권, 승마회원권, 콘도미니엄 회원권, 종합체육시설이용 회원권 및 요트회원권은 제외) ② 지목변경, 차량·기계장비 또는 선박의 종류 변경, 주식 등의 취득 등 취득으로 보는 과세물건

2. 개수

구 분	내 용
정의	「건축법」에 따른 대수선 등
납세의무자	건축물 중 조작 설비, 그 밖의 부대설비에 속하는 부분으로서 그 주체구조부와 하나가 되어 건축물로서의 효용가치를 이루고 있는 것에 대하여는 주체구조부 취득자 외의 자가 가설한 경우에도 주체구조부의 취득자가 함께 취득한 것으로 봄
비과세	「주택법」에 따른 공동주택의 개수(「건축법」에 따른 대수선은 제외)로 인한 취득 중 취득 당시 주택의 시가표준액이 9억원 이하인 주택과 관련된 개수로 인한 취득
과세표준	① 사실상취득가격 ② 법인이 아닌 자 + 사실상취득가격을 확인할 수 없는 경우: 시가표준액
세율	① 세율의 특례: 중과기준세율(②에 해당하는 경우는 제외) ② 건축물 면적이 증가할 때에는 그 증가된 부분: 원시취득으로 보아 표준세율 1천분의 28
중과세율 적용	고급주택, 골프장 또는 고급오락장용 건축물을 증축·개축 또는 개수한 경우와 일반건축물을 증축·개축 또는 개수하여 고급주택 또는 고급오락장이 된 경우에 그 증가되는 건축물의 가액: 표준세율과 중과기준세율의 100분의 400을 합한 세율

3. 과점주주의 간주취득

구 분	내 용
과점주주	100분의 50을 초과하면서 그에 관한 권리를 실질적으로 행사하는 자들
과세대상 범위	① 법인(증권시장에 상장된 법인은 제외) ② 법인의 주식 또는 지분을 취득함으로써 과점주주가 되었을 때에는 그 과점주주가 해당 법인의 부동산 등(법인이 「신탁법」에 따라 신탁한 재산으로서 수탁자 명의로 등기·등록이 되어 있는 부동산 등을 포함)을 취득한 것으로 봄 ③ 연대납세의무 ④ 취득으로 간주하지 않는 경우 　㉠ 설립시 　㉡ 감자 　㉢ 과점주주 집단내부 및 특수관계자간의 주식거래가 발생하여 과점주주가 소유한 총주식의 비율에 변동이 없는 경우

간주되는 지분비율	① 과점주주가 아닌 주주가 주식을 취득하거나 증자 등으로 **최초**로 과점주주가 된 경우: **모두** ② **증가된 경우**: 증가분 ③ 다시 과점주주가 된 경우: 이전 과점주주가 된 당시의 비율보다 **증가분**
과세표준	해당 법인의 부동산등의 총가액을 그 법인의 주식 또는 출자의 총수로 나눈 가액에 과점주주가 취득한 주식 또는 출자의 수를 곱한 금액
세율	세율의 특례: **중과기준세율**
중가산세	**중가산세 배제**
무신고시 부과 제척기간	10년

부동산세법 중요비교정리 16 : 사실상과 공부상이 다른 경우

구 분	사실상	공부상
취득세	① 부동산 등은 특별한 규정이 있는 경우를 제외하고는 해당 물건을 취득하였을 때의 <u>사실상의 현황</u>에 따라 부과 ② 다만, 취득하였을 때의 사실상 현황이 분명하지 아니한 경우에는 <u>공부상의 등재 현황</u>에 따라 부과	–
등록면허세	–	등록면허세 신고서상의 금액과 공부상의 금액이 다를 경우에는 **공부상의 금액**을 과세표준으로 함

재산세	① 재산세의 과세대상 물건이 공부상 등재되지 아니하였거나 공부상 등재현황과 사실상의 현황이 다른 경우: <u>사실상의 현황</u>
	② 다만, 다음의 경우에는 공부상 등재현황에 따라 재산세를 부과
	   ⊙ 관계 법령에 따라 허가 등을 받아야 함에도 불구하고 허가 등을 받지 않고 재산세의 과세대상 물건을 이용하는 경우로서 <u>사실상 현황에 따라 재산세를 부과하면 오히려 재산세 부담이 낮아지는 경우</u>
	   ⓒ 재산세 과세기준일 현재의 사용이 <u>일시적으로 공부상 등재현황과 달리 사용하는 것으로 인정되는 경우</u>
		–

종합부동산세	공부상 주택이 사실과 다른 경우 관할세무서장 등은 종합부동산세의 과세와 관련하여 과세물건 소재지 관할 시장·군수에게 의견조회를 할 수 있으며, 그 회신 결과에 따라 종합부동산세를 결정·경정	–
양도소득세	① 주택이란 허가 여부나 공부상의 용도구분에 관계없이 <u>사실상 주거용</u>으로 사용하는 건물 ② 다만, 그 용도가 분명하지 아니하면 <u>공부상의 용도</u>에 따름 ③ 소유하고 있던 공부상 주택인 1세대 1주택을 거주용이 아닌 영업용 건물로 사용하다가 양도하는 때에는 <u>1세대 1주택으로 보지 아니함</u>	–

부동산세법 중요비교정리 17 : 재산세와 종합부동산세의 비교

구 분		재산세		종합부동산세	
		2개 이상 합산여부	공정시장가액비율	2개 이상 합산여부	공정시장가액비율
토지	분리	×		−	−
	종합합산	○ 관할구역	100분의 70	○ 전국	100분의 100
	별도합산	○ 관할구역		○ 전국	100분의 100
건축물		×	100분의 70	−	−
주택(토지 + 건물)		×	100분의 60 등	○ 전국	100분의 60
선박		−	−	−	−
항공기		−	−	−	−

□ 세율의 적용 방법

① 토지에 대한 재산세
　㉠ 분리과세대상 : 토지의 가액에 세율 적용
　㉡ 종합합산과세대상 : 관할구역 + 합한 금액에 세율 적용
　㉢ 별도합산과세대상 : 관할구역 + 합한 금액에 세율 적용
② 주택에 대한 재산세
　㉠ 주택별로 세율 적용
　㉡ 주택을 2명 이상이 공동으로 소유하거나 토지와 건물의 소유자가 다를 경우 : 토지와 건물의 가액을 합산한 금액에 세율 적용
③ 표준세율 : 조례로 100분의 50의 범위에서 가감할 수 있음. 다만, 가감한 세율은 해당 연도에만 적용

부동산세법 중요비교정리 18 : 양도소득세 과세대상 등의 비교

구 분		각 호별 적용
1. 토지 또는 건물	제1호	① 취득시기의제
2. 부동산에 관한 권리 　① 지상권, 전세권, 등기된 부동산임차권 　② 조합원입주권, 분양권, 토지상환채권, 주택상환사채 등		② 양도소득기본공제
3. 기타자산 　① 사업에 사용하는 토지 또는 건물 및 부동산에 관한 권리와 함께 양도하는 영업권 　② 토지 또는 건물과 함께 양도하는 이축권(별도로 평가하여 신고하는 경우는 제외) 　③ 시설물이용권(관련 주식 포함) : 골프회원권 등		③ 양도차손공제 ④ 예정신고
4. 주식 등	제2호	
5. 파생상품 등	제3호	
6. 신탁 수익권	제4호	

(1) 취득시기의제

① 제1호의 2와 3 : 1984.12.31. 이전에 취득한 것은 1985.1.1.에 취득한 것으로 봄
② 제2호 : 1985.12.31. 이전에 취득한 것은 1986.1.1.에 취득한 것으로 봄

□ 미등기임에도 불구하고 미등기 양도자산으로 보지 않은 경우 : 법령이 정하는 자산

① 등기가 불가능한 자산
　㉠ 장기할부조건
　㉡ 법률의 규정 또는 법원의 결정
　㉢ 비과세요건을 충족한 1세대 1주택 등으로서 「건축법」에 의한 건축허가를 받지 않은 경우
② 비과세요건을 충족한 농지의 교환·분합 및 감면요건을 충족한 8년 이상의 자경농지 또는 농지의 대토
③ 도시개발법에 따라 양도하는 일정한 토지

(2) **양도소득기본공제**: <u>각 호의 소득별로 양도소득금액에서 각각 연 250만원을 공제</u>

구 분	장기보유특별공제	양도소득기본공제
자산의 종류	토지 또는 건물 및 조합원입주권(조합원으로부터 취득한 것은 제외)	불문
보유기간	3년 이상	불문
공제방법	① 공제율 　㉠ 일반: 100분의 6~100분의 30 　㉡ 1세대 1주택: 3년 이상 보유 + 2년 이상 거주 　　ⓐ 보유: 100분의 12~100분의 40 　　ⓑ 거주: 100분의 8~100분의 40 ② 자산별로 각각 공제	① 각 호의 소득별로 각각 연 250만원 　㉠ <u>감면 외의 소득에서 먼저 공제</u> 　㉡ <u>감면이 아니면 먼저 양도한 자산에서 순차로 공제</u> ② 공유자 각각 공제
적용배제	미등기 양도자산 (법령이 정하는 자산은 제외) 국외자산	미등기 양도자산 (법령이 정하는 자산은 제외) —

☐ **장기보유특별공제와 세율 적용시 기산일**

구 분	증여	상속
장기보유특별공제	① 원칙: 증여를 받은 날 ② <u>이월과세</u>가 적용되는 경우: <u>증여한</u> 배우자 또는 직계존비속이 해당 자산을 취득한 날	① 원칙: 상속이 개시된 날 ② <u>가업상속공제</u>가 적용된 경우: <u>피상속인</u>이 해당 자산을 취득한 날
세율	① 원칙: 증여를 받은 날 ② <u>이월과세</u>가 적용되는 경우: <u>증여한</u> 배우자 또는 직계존비속이 해당 자산을 취득한 날	<u>피상속인</u>이 해당 자산을 취득한 날

(3) **양도차손공제**

> ① 양도차손의 공제: 각 호의 소득별로 <u>양도차손</u>을 <u>양도소득금액</u>에서 공제
> ② 이월결손금의 공제: <u>이월공제는 받을 수 없음</u>

☐ **종합소득금액 계산시 결손금과 이월결손금의 공제**

(1) **결손금의 공제**

구 분		공제방법
사업소득		종합소득 과세표준을 계산할 때 공제함
임대업	주거용 건물 임대업	
	그 밖의 임대업	종합소득 과세표준을 계산할 때 공제하지 아니함

(2) **이월결손금의 공제**: 15년 이내

(4) **양도소득과세표준 예정신고**: 이행 – <u>예정신고납부세액공제 없음</u>, 불이행 – <u>가산세 제재</u>

> ① 제1호와 제4호
> 　㉠ 그 양도일이 속하는 달의 말일부터 <u>2개월</u>[토지거래계약허가를 받기 전에 대금을 청산한 경우에는 <u>그 허가일</u>(토지거래계약허가를 받기 전에 허가구역의 지정이 해제된 경우에는 <u>그 해제일</u>)이 속하는 달의 말일부터 2개월]
> 　㉡ <u>부담부증여</u>의 채무액에 해당하는 부분으로서 양도로 보는 경우: 그 양도일이 속하는 달의 말일부터 <u>3개월</u>
> ② 제2호: 그 양도일이 속하는 반기의 말일부터 2개월
> ③ 제3호: 없음

부동산세법 중요비교정리 19 : 거주자와 비거주자에 대한 1세대 1주택 비과세규정 등의 적용여부

구 분		거주자		비거주자	
		국내	국외	국내	국외
1세대 1주택의 비과세		○	×	×	과세 제외
장기보유특별공제	일반 6%~30%	○	×	○	과세 제외
	1세대 1주택 20%~80%	○	×	×	
양도소득기본공제		○	○	○	과세 제외

부동산세법 중요비교정리 20 : 국외자산 양도소득세

1. 국외자산 양도소득세

① 납세의무자 : 해당 자산의 양도일까지 계속 5년 이상 국내에 주소 또는 거소를 둔 거주자
② 환차익을 양도소득의 범위에서 제외
③ 양도가액과 취득가액의 산정방법 : 실지거래가액 → 시가
④ 장기보유특별공제는 배제
⑤ 양도소득기본공제는 적용
⑥ 세율 : 6%~45%의 8단계 초과누진세율
⑦ 양도차익의 외화환산 : 기준환율 또는 재정환율
⑧ 외국납부세액의 이중과세조정 : 세액공제방법 또는 필요경비 산입방법

2. 거주자의 국내자산과 국외자산의 양도소득세 비교

구 분		국내자산	국외자산
과세대상		등기된 부동산임차권	부동산임차권
양도가액		실지거래가액 → 추계(매 → 감 → → 기)	실지거래가액 → 시가
취득가액		실지거래가액 → 추계(매 → 감 → 환 → 기)	실지거래가액 → 시가
기준시가		○	×
필요경비개산공제		○	×
장기보유특별공제		○	×
양도소득기본공제		○	○
세율	70%	○	×
	60%	○	×
	50%	○	×
	40%	○	×
	6%~45%	○	○

부동산세법 중요비교정리 21 : 취득 · 보유 및 양도단계

구 분		취득	보유	양도
취득세, 등록에 대한 등록면허세		○		
재산세, 소방분 지역자원시설세			○	
지방교육세		○	○	
지방소득세			○	○
종합부동산세			○	
소득세	종합소득세		○	○
	양도소득세			○
농어촌특별세		○	○	○
인지세		○		○

PART

03

출제예상지문

조세총론

:: 출제예상지문 O · X

01 지방자치단체의 장은 재산세의 납부세액이 1천만원을 초과하는 경우에는 납세의무자의 신청을 받아 해당 지방자치단체의 **관할구역에 있는** 부동산에 대하여만 대통령령으로 정하는 바에 따라 **물납**을 허가할 수 있다. (   )

02 **종합부동산세는 물납이 허용되지 않는다.** (   )

03 공공사업의 시행자에게 수용되어 발생한 양도소득세액이 1천만원을 초과하는 경우 **양도소득세** 납세의무자는 **물납**을 <u>신청할 수 있다.</u> (   )

04 재산세가 **분할납부** 대상에 해당할 경우 **지방교육세도** 함께 **분할납부** 처리한다. (   )

05 재산세가 **분할납부** 대상에 해당하는 경우에도 소방분 지역자원시설세는 <u>분할납부할 수 없다.</u> (   )

06 **종합부동산세의 분납은** <u>허용되지 않는다.</u> (   )

07 **양도소득과세표준** 예정신고시에는 납부할 세액이 1천만원을 초과하더라도 그 납부할 세액의 일부를 **분할납부할** <u>수 없다.</u> (   )

08 지방자치단체 **징수금의 징수순위**는 **체납처분비, <u>가산세,</u> <u>지방세(가산세는 제외)</u>**의 순서에 따른다. (   )

09 「국세기본법」상 "납세의무자"란 세법에 따라 국세를 납부할 의무(**<u>국세를 징수하여 납부할 의무</u>**는 제외)가 있는 자를 말한다. (   )

10 「국세징수법」에서 "체납액"이란 체납된 국세와 **강제징수비**를 말한다. (   )

11 「국세징수법」상 **체납액의 징수 순위**는 강제징수비, <u>가산세, <u>국세(가산세는 제외)</u></u>의 순서에 따른다. (   )

12 부동산 관련 **지방교육세**는 취득과 보유단계에 과세되는 지방세이다. (   )

13 부동산 관련 **지방소득세**는 보유와 양도단계에 과세되는 지방세이다. (   )

14 부동산 관련 **종합소득세**는 보유와 양도단계에 과세되는 국세이다. (   )

15 부동산 관련 **농어촌특별세**는 **취득과 보유 및 양도단계에** 과세되는 국세이다. (   )

16 거주자 甲이 <u>2024년 3월에</u> 거주자 乙로부터 국내소재 상업용 건축물을 취득하여, <u>2024년 10월 현재 소유하고 있는</u> 경우 재산세의 납세의무 성립시기는 2024년 6월 1일이다. (   )

:: 출제예상지문 O · X에 대한 정답 및 해설

01 지방자치단체의 장은 재산세의 납부세액이 1천만원을 초과하는 경우에는 납세의무자의 신청을 받아 해당 지방자치단체의 관할구역에 있는 부동산에 대하여만 대통령령으로 정하는 바에 따라 물납을 허가할 수 있다. (O)

02 종합부동산세는 물납이 허용되지 않는다. (O)

03 공공사업의 시행자에게 수용되어 발생한 양도소득세액이 1천만원을 초과하는 경우 양도소득세 납세의무자는 물납을 신청할 수 있다. (×) → 신청할 수 없다.

04 재산세가 분할납부 대상에 해당할 경우 지방교육세도 함께 분할납부 처리한다. (O)

05 재산세가 분할납부 대상에 해당하는 경우에도 소방분 지역자원시설세는 분할납부할 수 없다. (×) → 분할납부할 수 있다.

06 종합부동산세의 분납은 허용되지 않는다. (×) → 허용한다.

07 양도소득과세표준 예정신고시에는 납부할 세액이 1천만원을 초과하더라도 그 납부할 세액의 일부를 분할납부할 수 없다. (×) → 할 수 있다.

08 지방자치단체 징수금의 징수순위는 체납처분비, 가산세, 지방세(가산세는 제외)의 순서에 따른다. (×) → **체납처분비, 지방세(<u>가산세</u>는 제외), 가산세**

09 「국세기본법」상 "납세의무자"란 세법에 따라 국세를 납부할 의무(국세를 징수하여 납부할 의무는 제외)가 있는 자를 말한다. (O)

10 「국세징수법」에서 "체납액"이란 체납된 국세와 강제징수비를 말한다. (O)

11 「국세징수법」상 체납액의 징수 순위는 강제징수비, 가산세, 국세(가산세는 제외)의 순서에 따른다. (×) → **강제징수비, 국세(<u>가산세</u>는 제외), 가산세**

12 부동산 관련 지방교육세는 취득과 보유단계에 과세되는 지방세이다. (O)

13 부동산 관련 지방소득세는 보유와 양도단계에 과세되는 지방세이다. (O)

14 부동산 관련 종합소득세는 보유와 양도단계에 과세되는 국세이다. (O)

15 부동산 관련 농어촌특별세는 취득과 보유 및 양도단계에 과세되는 국세이다. (O)

16 거주자 甲이 2024년 3월에 거주자 乙로부터 국내소재 상업용 건축물을 취득하여, 2024년 10월 현재 소유하고 있는 경우 재산세의 납세의무 성립시기는 2024년 6월 1일이다. (O)

17 지방교육세의 <u>납세의무 성립시기는 그 과세표준이 되는</u> <u>세목의 납세의무가 성립하는 때</u>이다. ( )

18 취득세에 부가되는 지방교육세의 <u>납세의무 성립시기는</u> <u>과세물건을 취득하는 때</u>이다. ( )

19 지방소득세의 <u>납세의무 성립시기는 과세표준이 되는 소</u> <u>득에 대하여 소득세·법인세의 납세의무가 성립하는 때</u> 이다. ( )

20 소득세의 <u>납세의무 성립시기는 소득을 지급하는 때</u>이다. ( )

21 중간예납하는 소득세의 <u>납세의무 성립시기는 **중간예납기**</u> **간이 끝나는 때**이다. ( )

22 예정신고납부하는 양도소득세의 <u>납세의무 성립시기는 부</u> <u>동산을 양도하는 때</u>이다. ( )

23 수시부과하여 징수하는 국세의 <u>납세의무 성립시기는 수</u> <u>시부과할 사유가 발생한 때</u>이다. ( )

24 국세의 무신고가산세 및 과소신고·초과환급신고가산세의 <u>납세의무 성립시기는 법정신고기한이 경과하는 때</u>이다. ( )

25 **취득세**는 납세의무자가 과세표준과 세액을 지방자치단체에 **신고하는 때**에 세액이 확정된다. 다만, <u>납세의무자가 과세표</u> <u>준과 세액의 신고를 하지 아니하거나 신고한 과세표준과 세</u> <u>액이 지방세관계법에 어긋나는 경우에는 지방자치단체가</u> 과세표준과 세액을 **결정**하거나 **경정하는 때**로 한다. ( )

26 재산세 납세의무는 과세표준과 세액을 지방자치단체에 <u>신고하여 확정</u>된다. ( )

27 종합부동산세를 <u>신고납부방식</u>으로 납부하고자 하는 납세의 무자는 종합부동산세의 과세표준과 세액을 **해당 연도 12월** **1일부터 12월 15일까지** 관할세무서장에게 신고하여야 한다. 이 경우 관할세무서장의 결정은 없었던 것으로 본다. ( )

28 납세자가 <u>법정신고기한까지 과세표준신고서를 제출하지</u> <u>아니한 경우</u>에 <u>지방세 부과 제척기간</u>은 <u>5년</u>이다. ( )

29 상속 또는 **증여(부담부 증여를 포함)**를 원인으로 취득하 는 경우로서 **납세자가 법정신고기한까지 취득세의 과세** **표준 신고서를 제출하지 아니한 경우** <u>부과의 제척기간</u>은 <u>7년</u>이다. ( )

30 거주자 甲이 <u>2024년 3월</u>에 거주자 乙로부터 국내소재 상 업용 건축물을 <u>취득</u>하고, <u>2024년 10월 현재 소유하고 있</u> 는 경우 甲의 **재산세 납세의무**는 <u>2031년 5월 31일까지</u> 지 <u>방자치단체가 부과</u>하지 아니하면 소멸한다. ( )

31 납세자에게 부정행위가 없으며 특례제척기간에 해당하지 않는 경우 납세의무 성립일부터 <u>7년</u>이 지나면 **종합부동** 산세를 부과할 수 없다. ( )

---

17 지방교육세의 납세의무 성립시기는 그 과세표준이 되는 세목의 납세의무가 성립하는 때이다. (○)

18 취득세에 부가되는 지방교육세의 납세의무 성립시기는 과세물건을 취득하는 때이다. (○)

19 지방소득세의 납세의무 성립시기는 과세표준이 되는 소 득에 대하여 소득세·법인세의 납세의무가 성립하는 때 이다. (○)

20 소득세의 납세의무 성립시기는 소득을 지급하는 때이다. (×) → **과세기간이 끝나는 때**

21 중간예납하는 소득세의 납세의무 성립시기는 중간예납기 간이 끝나는 때이다. (○)

22 예정신고납부하는 양도소득세의 납세의무 성립시기는 부 동산을 양도하는 때이다. (×) → **그 과세표준이 되는 금** **액이 발생한 달의 말일**

23 수시부과하여 징수하는 국세의 납세의무 성립시기는 수 시부과할 사유가 발생한 때이다. (○)

24 국세의 무신고가산세 및 과소신고·초과환급신고가산세의 납세의무 성립시기는 법정신고기한이 경과하는 때이다. (○)

25 취득세는 납세의무자가 과세표준과 세액을 지방자치단체에 신고하는 때에 세액이 확정된다. 다만, 납세의무자가 과세표 준과 세액의 신고를 하지 아니하거나 신고한 과세표준과 세 액이 지방세관계법에 어긋나는 경우에는 지방자치단체가 과세표준과 세액을 결정하거나 경정하는 때로 한다. (○)

26 재산세 납세의무는 과세표준과 세액을 지방자치단체에 신고하여 확정된다. (×) → **결정**

27 종합부동산세를 신고납부방식으로 납부하고자 하는 납세의 무자는 종합부동산세의 과세표준과 세액을 해당 연도 12월 1일부터 12월 15일까지 관할세무서장에게 신고하여야 한다. 이 경우 관할세무서장의 결정은 없었던 것으로 본다. (○)

28 납세자가 법정신고기한까지 과세표준신고서를 제출하지 아 니한 경우에 지방세 부과 제척기간은 5년이다. (×) → **7년**

29 상속 또는 증여(부담부 증여를 포함)를 원인으로 취득하 는 경우로서 납세자가 법정신고기한까지 취득세의 과세 표준 신고서를 제출하지 아니한 경우 부과의 제척기간은 7년이다. (×) → **10년**

30 거주자 甲이 2024년 3월에 거주자 乙로부터 국내소재 상 업용 건축물을 취득하고, 2024년 10월 현재 소유하고 있 는 경우 甲의 재산세 납세의무는 2031년 5월 31일까지 지 방자치단체가 부과하지 아니하면 소멸한다. (×) → **2029년** **5월 31일까지**

31 납세자에게 부정행위가 없으며 특례제척기간에 해당하지 않는 경우 납세의무 성립일부터 7년이 지나면 종합부동 산세를 부과할 수 없다. (×) → **5년**

32 지방세 부과의 제척기간은 권리관계를 조속히 확정·안정시키려는 것으로 <u>지방세징수권 소멸시효와는 달리 기간의 중단이나 정지가 없다.</u> ( )

33 5천만원 이상의 지방세징수권은 그 권리를 행사할 수 있는 때부터 7년 동안 행사하지 아니하면 시효로 인하여 소멸한다. ( )

34 납세의무자가 지방세의 법정신고기한까지 과세표준 신고를 한 경우로서 사기나 그 밖의 부정한 행위로 과소신고한 경우에는 부정과소신고납부세액등의 100분의 40에 상당하는 금액과 과소신고납부세액등에서 부정과소신고 **납부세액등을 뺀** 금액의 <u>100분의 10</u>에 상당하는 금액을 합한 금액을 가산세로 부과한다. ( )

35 「국세기본법」 제47조의4(납부지연가산세)

> ① 납세의무자가 법정납부기한까지 국세(「인지세법」 제8조 제1항에 따른 인지세는 제외)의 납부를 하지 아니하거나 과소납부한 경우에는 다음의 금액을 합한 금액을 가산세로 한다.
>   ㉠ 납부하지 아니한 세액 또는 과소납부분 세액 × 법정납부기한의 다음 날부터 납부일까지의 기간(납부고지일부터 납부고지서에 따른 납부기한까지의 기간은 제외) × 1일 10만분의 ( )
>   ㉡ 법정납부기한까지 납부하여야 할 세액 중 **납부고지서에 따른 납부기한까지 납부하지 아니한 세액 또는 과소납부분 세액 × 100분의 ( )**(국세를 납부고지서에 따른 납부기한까지 완납하지 아니한 경우에 한정)
> ② ①을 적용할 때 **납부고지서에 따른 납부기한의 다음 날부터 납부일까지의 기간이 ( )년을 초과하는 경우에는 그 기간은 ( )년으로 한다.**
> ③ 체납된 국세의 납부고지서별·세목별 세액이 ( )만원 미만인 경우에는 ①의 ㉠의 가산세를 적용하지 아니한다.

36 <u>취득세</u> 신고서를 납세지 관할 지방자치단체장에게 제출한 날 전에 <u>저당권</u> 설정 등기 사실이 증명되는 재산을 매각하여 그 매각금액에서 취득세를 징수하는 경우, 저당권에 따라 담보된 채권은 취득세에 우선한다. ( )

37 <u>재산세</u> 납세고지서의 발송일 전에 <u>저당권</u> 설정 등기 사실이 증명되는 재산을 매각하여 그 매각금액에서 재산세를 징수하는 경우, 재산세는 저당권에 따라 담보된 채권에 우선한다. ( )

38 <u>종합부동산세</u> 납부고지서의 발송일 전에 「주택임대차보호법」 제2조에 따른 <u>주거용 건물 전세권</u> 설정 등기 사실이 증명되는 재산을 매각하여 그 매각금액에서 종합부동산세를 징수하는 경우, 종합부동산세는 <u>주거용 건물 전세권에 따라 담보된 채권에 우선한다.</u> ( )

---

32 지방세 부과의 제척기간은 권리관계를 조속히 확정·안정시키려는 것으로 지방세징수권 소멸시효와는 달리 기간의 중단이나 정지가 없다. (○)

33 5천만원 이상의 지방세징수권은 그 권리를 행사할 수 있는 때부터 7년 동안 행사하지 아니하면 시효로 인하여 소멸한다. (×) → 10년

34 납세의무자가 지방세의 법정신고기한까지 과세표준 신고를 한 경우로서 사기나 그 밖의 부정한 행위로 과소신고한 경우에는 부정과소신고납부세액등의 100분의 40에 상당하는 금액과 과소신고납부세액등에서 부정과소신고납부세액등을 뺀 금액의 100분의 10에 상당하는 금액을 합한 금액을 가산세로 부과한다. (○)

35 「국세기본법」 제47조의4(납부지연가산세)

> ① 납세의무자가 법정납부기한까지 국세(「인지세법」 제8조 제1항에 따른 인지세는 제외)의 납부를 하지 아니하거나 과소납부한 경우에는 다음의 금액을 합한 금액을 가산세로 한다.
>   ㉠ 납부하지 아니한 세액 또는 과소납부분 세액 × 법정납부기한의 다음 날부터 납부일까지의 기간(납부고지일부터 납부고지서에 따른 납부기한까지의 기간은 제외) × 1일 10만분의 (22)
>   ㉡ 법정납부기한까지 납부하여야 할 세액 중 **납부고지서에 따른 납부기한까지 납부하지 아니한 세액 또는 과소납부분 세액 × 100분의 (3)**(국세를 납부고지서에 따른 납부기한까지 완납하지 아니한 경우에 한정)
> ② ①을 적용할 때 **납부고지서에 따른 납부기한의 다음 날부터 납부일까지의 기간이 (5)년을 초과하는 경우에는 그 기간은 (5)년으로 한다.**
> ③ 체납된 국세의 납부고지서별·세목별 세액이 (150)만원 미만인 경우에는 ①의 ㉠의 가산세를 적용하지 아니한다.

36 취득세 신고서를 납세지 관할 지방자치단체장에게 제출한 날 전에 저당권 설정 등기 사실이 증명되는 재산을 매각하여 그 매각금액에서 취득세를 징수하는 경우, 저당권에 따라 담보된 채권은 취득세에 우선한다. (○)

37 재산세 납세고지서의 발송일 전에 저당권 설정 등기 사실이 증명되는 재산을 매각하여 그 매각금액에서 재산세를 징수하는 경우, 재산세는 저당권에 따라 담보된 채권에 우선한다. (○)

38 종합부동산세 납부고지서의 발송일 전에 「주택임대차보호법」 제2조에 따른 주거용 건물 전세권 설정 등기 사실이 증명되는 재산을 매각하여 그 매각금액에서 종합부동산세를 징수하는 경우, 종합부동산세는 주거용 건물 전세권에 따라 담보된 채권에 우선한다. (×) → 종합부동산세의 징수액에 한정하여 <u>주거용 건물 전세권에 따라 담보된 채권은 종합부동산세에 우선</u>

39 납세담보물 매각시 <u>담보 있는 조세채권은 압류</u>에 관계되는 조세채권보다 우선한다. ( )

40 체납처분에 의하여 납세자의 재산을 압류한 후 교부청구가 있으면 <u>압류에 관계되는 조세채권은 교부청구한 조세채권</u>보다 우선한다. ( )

41 지방세에 관한 불복시 불복청구인은 이의신청을 거치지 않고 심판청구를 <u>제기할 수 없다.</u> ( )

42 지방세에 관한 불복시 불복청구인은 <u>심판청구를 거치지 아니하고 행정소송을 제기할 수 있다.</u> ( )

43 「감사원법」에 따른 심사청구를 거친 경우에는 지방세기본법에 따른 <u>심판청구를 거친 것으로 본다.</u> ( )

44 이의신청인 또는 심판청구인이 천재지변 등으로 인하여 이의신청 또는 심판청구기간에 이의신청 또는 심판청구를 할 수 없을 때에는 그 사유가 소멸한 날부터 <u>14일 이내</u>에 이의신청 또는 심판청구를 할 수 있다. ( )

45 이의신청 또는 심판청구는 그 처분의 집행에 효력이 미치지 아니한다. 다만, 압류한 재산에 대해서는 이의신청 또는 심판청구의 결정이 있는 날부터 <u>60일까지</u> 그 공매처분을 보류할 수 있다. ( )

46 교부송달의 경우 <u>송달할 장소에서 서류의 송달을 받아야 할 자가 정당한 사유 없이 서류의 수령을 거부하면 송달할 장소에 서류를 둘 수 있다.</u> ( )

47 서류송달을 받아야 할 자의 <u>주소 또는 영업소가 분명하지 아니한 경우</u>에는 서류의 주요 내용을 공고한 날부터 14일이 지나면 서류의 송달이 된 것으로 본다. ( )

39 납세담보물 매각시 담보 있는 조세채권은 압류에 관계되는 조세채권보다 우선한다. (○)

40 체납처분에 의하여 납세자의 재산을 압류한 후 교부청구가 있으면 압류에 관계되는 조세채권은 교부청구한 조세채권보다 우선한다. (○)

41 지방세에 관한 불복시 불복청구인은 이의신청을 거치지 않고 심판청구를 제기할 수 없다. (×) → 있다.

42 지방세에 관한 불복시 불복청구인은 심판청구를 거치지 아니하고 행정소송을 제기할 수 있다. (×) → 없다.

43 「감사원법」에 따른 심사청구를 거친 경우에는 지방세기본법에 따른 심판청구를 거친 것으로 본다. (○)

44 이의신청인 또는 심판청구인이 천재지변 등으로 인하여 이의신청 또는 심판청구기간에 이의신청 또는 심판청구를 할 수 없을 때에는 그 사유가 소멸한 날부터 14일 이내에 이의신청 또는 심판청구를 할 수 있다. (○)

45 이의신청 또는 심판청구는 그 처분의 집행에 효력이 미치지 아니한다. 다만, 압류한 재산에 대해서는 이의신청 또는 심판청구의 결정이 있는 날부터 60일까지 그 공매처분을 보류할 수 있다. (×) → 30일까지

46 교부송달의 경우 송달할 장소에서 서류의 송달을 받아야 할 자가 정당한 사유 없이 서류의 수령을 거부하면 송달할 장소에 서류를 둘 수 있다. (○)

47 서류송달을 받아야 할 자의 주소 또는 영업소가 분명하지 아니한 경우에는 서류의 주요 내용을 공고한 날부터 14일이 지나면 서류의 송달이 된 것으로 본다. (○)

취득세

▪▪ 출제예상지문 O · X

01 법인 설립시 발행하는 주식 또는 지분을 취득함으로써 과점주주가 되었을 때에는 그 과점주주가 해당 법인의 부동산등을 <u>취득한 것으로 본다.</u> ( )

02 다른 주주의 주식이 감자됨으로써 비상장법인 과점주주의 지분비율이 증가한 경우에는 <u>취득세 납세의무가 있다.</u> ( )

03 과점주주 집단내부 및 특수관계자간의 주식거래가 발생하여 과점주주가 소유한 총주식의 비율에 변동이 없다면 과점주주 간주취득세의 납세의무는 없다. ( )

04 <u>설립시 지분비율이 40%</u>인 주주가 지분 <u>20%를 증자로 추가로 취득한 경우에 취득으로 간주되는 지분비율은 20%</u>이다. ( )

05 <u>설립시 지분비율이 60%</u>인 주주가 지분 <u>10%를 증자로 추가로 취득한 경우에 취득으로 간주되는 지분비율은 70%</u>이다. ( )

▪▪ 출제예상지문 O · X에 대한 정답 및 해설

01 법인 설립시 발행하는 주식 또는 지분을 취득함으로써 과점주주가 되었을 때에는 그 과점주주가 해당 법인의 부동산등을 취득한 것으로 본다. (×) → **취득한 것으로 보지 아니한다.**

02 다른 주주의 주식이 감자됨으로써 비상장법인 과점주주의 지분비율이 증가한 경우에는 취득세 납세의무가 있다. (×) → 납세의무가 없다.

03 과점주주 집단내부 및 특수관계자간의 주식거래가 발생하여 과점주주가 소유한 총주식의 비율에 변동이 없다면 과점주주 간주취득세의 납세의무는 없다. (○)

04 설립시 지분비율이 40%인 주주가 지분 20%를 증자로 추가로 취득한 경우에 취득으로 간주되는 지분비율은 20%이다. (×) → 60%

05 설립시 지분비율이 60%인 주주가 지분 10%를 증자로 추가로 취득한 경우에 취득으로 간주되는 지분비율은 70%이다. (×) → 10%

06 「민법」 등 관계법령에 따른 **등기를 하지 아니한** 부동산의 취득은 **사실상 취득**하더라도 <u>취득한 것으로 볼 수 없다.</u> (　)

07 <u>매매계약</u> 체결 후 사실상 취득이 이루어지기 전에 매도자가 사망하고 <u>매수자에게 소유권이전등기가 되는 경우</u>에도 **상속인에게 상속에 따른 취득세 납세의무가 있다.** (　)

08 「신탁법」 제10조에 따라 신탁재산의 **위탁자 지위의 이전이 있는 경우**에는 새로운 위탁자가 해당 신탁재산을 <u>취득한 것으로 보지 아니한다.</u> (　)

09 토지의 **지목을 사실상 변경**함으로써 **그 가액이 증가한 경우**에는 **취득으로 본다.** 이 경우 「도시개발법」에 따른 도시개발사업(환지방식만 해당)의 시행으로 토지의 지목이 사실상 변경된 때에는 그 환지계획에 따라 공급되는 **환지는 조합원**이, **체비지 또는 보류지**는 <u>사업시행자</u>가 각각 취득한 것으로 본다. (　)

10 **甲 소유의 미등기건물**에 대하여 乙이 채권확보를 위하여 법원의 판결에 의한 소유권보존등기를 甲의 명의로 등기할 경우의 취득세 납세의무는 甲에게 있다. (　)

11 「부동산등기법」 제28조에 따라 채권자대위권에 의한 등기신청을 하려는 **채권자대위자는 납세의무자를 대위하여** 부동산의 취득에 대한 <u>취득세를 신고납부할 수 없다.</u> (　)

12 「도시개발법」에 따른 도시개발사업과 「도시 및 주거환경정비법」에 따른 정비사업의 시행으로 해당 사업의 대상이 되는 부동산의 소유자(상속인을 포함)가 환지계획 또는 관리처분계획에 따라 공급받거나 토지상환채권으로 상환받는 **건축물**은 그 소유자가 **원시취득**한 것으로 보며, **토지**의 경우에는 그 소유자가 **승계취득**한 것으로 본다. 이 경우 토지는 당초 소유한 토지 면적을 초과하는 경우로서 **그 초과한 면적에 해당하는 부분에 한정**하여 취득한 것으로 본다. (　)

13 직계비속이 **공매**를 통하여 직계존속의 부동산을 취득하는 경우 <u>유상</u>으로 <u>취득한 것으로 본다.</u> (　)

14 직계비속이 이미 증여세를 과세(비과세 또는 감면받은 경우를 포함)받았거나 신고한 경우로서 그 **수증 재산**의 가액으로 직계존속의 부동산을 취득한 경우는 부동산의 <u>무상취득으로 본다.</u> (　)

15 배우자 또는 직계존비속이 아닌 증여자의 채무를 인수하는 **부담부 증여**의 경우 그 **채무액에 상당하는 부분**은 부동산 등을 <u>증여로 취득하는 것으로 본다.</u> (　)

16 증여자의 채무를 인수하는 **부담부증여**의 경우로 그 **채무액에 상당하는 부분을 제외한** 나머지 **부분**은 부동산의 <u>무상취득</u>으로 본다. (　)

06 「민법」 등 관계법령에 따른 등기를 하지 아니한 부동산의 취득은 사실상 취득하더라도 취득한 것으로 볼 수 없다. (×) → **취득한 것으로 본다.**

07 매매계약 체결 후 사실상 취득이 이루어지기 전에 매도자가 사망하고 매수자에게 소유권이전등기가 되는 경우에도 상속인에게 상속에 따른 취득세 납세의무가 있다. (○)

08 「신탁법」 제10조에 따라 신탁재산의 위탁자 지위의 이전이 있는 경우에는 새로운 위탁자가 해당 신탁재산을 취득한 것으로 보지 아니한다. (×) → **취득한 것으로 본다.** 다만, 위탁자 지위의 이전에도 불구하고 <u>신탁재산에 대한 실질적인 소유권 변동이 있다고 보기 어려운 경우</u>에는 그러하지 아니하다.

09 토지의 지목을 사실상 변경함으로써 그 가액이 증가한 경우에는 취득으로 본다. 이 경우 「도시개발법」에 따른 도시개발사업(환지방식만 해당)의 시행으로 토지의 지목이 사실상 변경된 때에는 그 환지계획에 따라 공급되는 환지는 조합원이, 체비지 또는 보류지는 사업시행자가 각각 취득한 것으로 본다. (○)

10 甲 소유의 미등기건물에 대하여 乙이 채권확보를 위하여 법원의 판결에 의한 소유권보존등기를 甲의 명의로 등기할 경우의 취득세 납세의무는 甲에게 있다. (○)

11 「부동산등기법」 제28조에 따라 채권자대위권에 의한 등기신청을 하려는 채권자대위자는 납세의무자를 대위하여 부동산의 취득에 대한 취득세를 신고납부할 수 없다. (×) → **있다.**

12 「도시개발법」에 따른 도시개발사업과 「도시 및 주거환경정비법」에 따른 정비사업의 시행으로 해당 사업의 대상이 되는 부동산의 소유자(상속인을 포함)가 환지계획 또는 는 관리처분계획에 따라 공급받거나 토지상환채권으로 상환받는 건축물은 그 소유자가 원시취득한 것으로 보며, 토지의 경우에는 그 소유자가 승계취득한 것으로 본다. 이 경우 토지는 당초 소유한 토지 면적을 초과하는 경우로서 그 초과한 면적에 해당하는 부분에 한정하여 취득한 것으로 본다. (○)

13 직계비속이 공매를 통하여 직계존속의 부동산을 취득하는 경우 유상으로 취득한 것으로 본다. (○)

14 직계비속이 이미 증여세를 과세(비과세 또는 감면받은 경우를 포함)받았거나 신고한 경우로서 그 수증 재산의 가액으로 직계존속의 부동산을 취득한 경우는 부동산의 무상취득으로 본다. (×) → **유상취득**

15 배우자 또는 직계존비속이 아닌 증여자의 채무를 인수하는 부담부 증여의 경우 그 채무액에 상당하는 부분은 부동산 등을 증여로 취득하는 것으로 본다. (×) → **유상**

16 증여자의 채무를 인수하는 부담부증여의 경우로 그 채무액에 상당하는 부분을 제외한 나머지 부분은 부동산의 무상취득으로 본다. (○)

17 이전한 건축물의 가액이 종전 건축물의 가액을 초과하지 아니하는 건축물의 이전으로 인한 취득은 <u>취득세의 비과세대상</u>이다. ( )

18 신탁재산의 취득 중 주택**조합** 등과 조합원 간의 부동산 취득 및 주택조합 등의 비조합원용 부동산 취득은 <u>취득세의 비과세대상</u>이다. ( )

19 **명의신탁해지**를 원인으로 하는 취득은 <u>취득세의 비과세대상</u>이다. ( )

20 「**징발재산정리에 관한 특별조치법」** 또는 「**국가보위에 관한 특별조치법 폐지법률」** 부칙 제2항에 따른 동원대상지역 내의 토지의 수용·사용에 관한 **환매권**의 행사로 매수하는 부동산의 취득은 **취득세의 비과세대상**이다. ( )

21 「**주택법」**에 따른 **공동주택**의 개수(「**건축법」**에 따른 **대수선을 포함**)로 인한 취득 중 개수로 인한 취득 당시 주택의 **시가표준액이 9억원 이하**인 경우에는 취득세를 부과하지 아니한다. ( )

22 해당 취득물건을 **등기·등록하지 않고** 화해조서·인낙조서(해당 조서에서 취득일부터 **취득일이 속하는 달의 말일부터 3개월 이내**에 계약이 해제된 사실이 입증되는 경우만 해당)로 계약이 해제된 사실이 입증되는 **무상취득**의 경우에는 **취득한 것으로 보지 않는다.** ( )

23 해당 취득물건을 <u>등기·등록하더라도</u> 공정증서(공증인이 인증한 사서증서를 포함하되, **취득일부터 60일 이내**에 공증받은 것만 해당)로 계약이 해제된 사실이 입증되는 유**상승계취득**의 경우에는 **취득한 것으로 보지 않는다.** ( )

24 「**주택법」** 제11조에 따른 **주택조합**이 주택건설사업을 하면서 조합원으로부터 취득하는 토지 중 <u>조합원에게 귀속되지 아니하는 토지를 취득하는</u> 경우에는 「주택법」 제49조에 따른 <u>사용검사를 받은 날</u>에 그 토지를 취득한 것으로 본다. ( )

25 「**도시 및 주거환경정비법」** 제35조 제3항에 따른 **재건축조합**이 재건축사업을 하면서 조합원으로부터 취득하는 토지 중 <u>조합원에게 귀속되지 아니하는 토지를 취득하는 경우</u>에는 「도시 및 주거환경정비법」 제86조 제2항에 따른 <u>소유권이전 고시일의 다음 날</u>에 그 토지를 취득한 것으로 본다. ( )

26 「**민법」** 제245조 및 제247조에 따른 **점유로 인한 취득**의 경우 취득의 시기는 <u>점유를 개시한 날</u>이다. ( )

27 <u>「민법」 제839조의2 및 제843조</u>에 따른 **재산분할로 인한** 취득의 경우에는 취득물건의 **등기일 또는 등록일**을 취득일로 본다. ( )

28 지방자치단체의 장은 **부당행위계산**으로 인정되는 **유상승계취득**의 경우에는 <u>시가표준액</u>을 취득당시가액으로 결정할 수 있다. ( )

---

17 이전한 건축물의 가액이 종전 건축물의 가액을 초과하지 아니하는 건축물의 이전으로 인한 취득은 취득세의 비과세대상이다. (×) → **표준세율 - 중과기준세율**

18 신탁재산의 취득 중 주택조합 등과 조합원 간의 부동산 취득 및 주택조합 등의 비조합원용 부동산 취득은 취득세의 비과세대상이다. (×) → **과세대상이다.**

19 명의신탁해지를 원인으로 하는 취득은 취득세의 비과세대상이다. (×) → **과세대상이다.**

20 「징발재산정리에 관한 특별조치법」 또는 「국가보위에 관한 특별조치법 폐지법률」 부칙 제2항에 따른 동원대상지역 내의 토지의 수용·사용에 관한 환매권의 행사로 매수하는 부동산의 취득은 취득세의 비과세대상이다. (○)

21 「주택법」에 따른 공동주택의 개수(「건축법」에 따른 대수선을 포함)로 인한 취득 중 개수로 인한 취득 당시 주택의 시가표준액이 9억원 이하인 경우에는 취득세를 부과하지 아니한다. (×) → **대수선은 제외**

22 해당 취득물건을 등기·등록하지 않고 화해조서·인낙조서(해당 조서에서 취득일부터 취득일이 속하는 달의 말일부터 3개월 이내에 계약이 해제된 사실이 입증되는 경우만 해당)로 계약이 해제된 사실이 입증되는 무상취득의 경우에는 취득한 것으로 보지 않는다. (○)

23 해당 취득물건을 등기·등록하더라도 공정증서(공증인이 인증한 사서증서를 포함하되, 취득일부터 60일 이내에 공증받은 것만 해당)로 계약이 해제된 사실이 입증되는 유상승계취득의 경우에는 취득한 것으로 보지 않는다. (×) → **등기·등록하지 않고**

24 「주택법」 제11조에 따른 주택조합이 주택건설사업을 하면서 조합원으로부터 취득하는 토지 중 조합원에게 귀속되지 아니하는 토지를 취득하는 경우에는 「주택법」 제49조에 따른 사용검사를 받은 날에 그 토지를 취득한 것으로 본다. (○)

25 「도시 및 주거환경정비법」 제35조 제3항에 따른 재건축조합이 재건축사업을 하면서 조합원으로부터 취득하는 토지 중 조합원에게 귀속되지 아니하는 토지를 취득하는 경우에는 「도시 및 주거환경정비법」 제86조 제2항에 따른 소유권이전 고시일의 다음 날에 그 토지를 취득한 것으로 본다. (○)

26 「민법」 제245조 및 제247조에 따른 점유로 인한 취득의 경우 취득의 시기는 점유를 개시한 날이다. (×) → **등기일 또는 등록일**

27 「민법」 제839조의2 및 제843조에 따른 재산분할로 인한 취득의 경우에는 취득물건의 등기일 또는 등록일을 취득일로 본다. (○)

28 지방자치단체의 장은 부당행위계산으로 인정되는 유상승계취득의 경우에는 시가표준액을 취득당시가액으로 결정할 수 있다. (×) → **시가인정액**

29 부당행위계산은 특수관계인으로부터 시가인정액보다 <u>낮은 가격으로 부동산을 유상승계취득한 경우</u>로서 <u>시가인정액과 사실상취득가격의 차액이 3억원 이상</u>이거나 시가인정액의 100분의 5에 상당하는 금액 이상인 경우로 한다. ( )

30 특수관계인으로부터 시가인정액이 10억원인 토지를 9억원에 유상승계취득한 경우 <u>사실상취득가격인 9억원이 취득세의 과세표준이다.</u> ( )

31 부동산을 상속으로 무상취득하는 경우 취득당시가액은 <u>시가인정액</u>으로 한다. ( )

32 부동산등을 원시취득하는 경우 취득당시가액은 사실상취득가격으로 한다. 다만, <u>법인이 아닌 자가 건축물을 건축하여 취득하는 경우로서 사실상취득가격을 확인할 수 없는 경우</u>의 취득당시가액은 시가표준액으로 한다. ( )

33 취득대금을 일시급 등으로 지급하여 일정액을 할인받은 경우에는 그 할인된 금액으로 하고, <u>법인이 아닌 자가 취득한 경우</u>에는 건설자금에 <u>충당한 차입금의 이자</u> 또는 이와 유사한 금융비용, 할부 또는 연부 계약에 따른 이자 상당액 및 연체료 또는 「공인중개사법」에 따른 공인중개사에게 지급한 <u>중개보수의 금액을 제외한 금액</u>으로 한다. ( )

34 법인이 아닌 자가 유상승계취득하는 경우 취득시기 이전에 해당 물건을 취득하기 위하여 제3자에게 지급하여야 할 「공인중개사법」에 따른 공인중개사에게 지급한 <u>중개보수는 사실상취득가격에 포함한다.</u> ( )

35 "시가인정액"이란 <u>취득일 전 3개월부터 취득일 후 3개월</u> 이내의 기간에 취득 대상이 된 부동산등에 대하여 "매매 등" 사실이 있는 경우의 가액을 말한다. ( )

36 부동산을 상호 교환하여 소유권이전등기를 하는 것은 무<u>상승계취득의 세율</u>을 적용한다. ( )

37 <u>건축(신축과 재축은 제외)</u> 또는 <u>개수</u>로 인하여 건축물 면적이 증가할 때에는 그 <u>증가된 부분에 대하여 원시취득</u>으로 보아 세율을 적용한다. ( )

38 <u>법인의 주택 취득 등 중과 적용시 주택의 공유지분이나 부속토지만을 소유하거나 취득하는 경우에는 주택을 소유하거나 취득한 것으로 보지 아니한다.</u> ( )

39 <u>법인의 주택 취득 등 중과 적용시 「부동산 거래신고 등에 관한 법률」</u> 제3조 제1항 제2호에 따른 <u>주택분양권은 해당 주택분양권을 소유한 자의 주택 수에 가산하지 아니한다.</u> ( )

40 <u>법인의 주택 취득 등 중과 적용시 「신탁법」에 따라 신탁된 주택은 수탁자의 주택 수에 가산한다.</u> ( )

41 주거용 건축물을 취득한 날부터 60일[상속으로 인한 경우는 <u>상속개시일이 속하는 달의 말일부터,</u> 실종으로 인한 경우는 <u>실종선고일이 속하는 달의 말일부터</u> 각각 6개월 (납세자가 외국에 주소를 둔 경우에는 각각 9개월)] 이내에 주거용이 아닌 용도로 사용하거나 고급주택이 아닌 용도로 사용하기 위하여 용도변경공사를 착공하는 경우는 고급주택에서 제외한다. ( )

29 부당행위계산은 특수관계인으로부터 시가인정액보다 낮은 가격으로 부동산을 유상승계취득한 경우로서 시가인정액과 사실상취득가격의 차액이 3억원 이상이거나 시가인정액의 100분의 5에 상당하는 금액 이상인 경우로 한다. (○)

30 특수관계인으로부터 시가인정액이 10억원인 토지를 9억원에 유상승계취득한 경우 사실상취득가격인 9억원이 취득세의 과세표준이다. (×) → **시가인정액 10억원**

31 부동산을 상속으로 무상취득하는 경우 취득당시가액은 시가인정액으로 한다. (×) → **시가표준액**

32 부동산등을 원시취득하는 경우 취득당시가액은 사실상취득가격으로 한다. 다만, 법인이 아닌 자가 건축물을 건축하여 취득하는 경우로서 사실상취득가격을 확인할 수 없는 경우의 취득당시가액은 시가표준액으로 한다. (○)

33 취득대금을 일시급 등으로 지급하여 일정액을 할인받은 경우에는 그 할인된 금액으로 하고, 법인이 아닌 자가 취득한 경우에는 건설자금에 충당한 차입금의 이자 또는 이와 유사한 금융비용, 할부 또는 연부 계약에 따른 이자 상당액 및 연체료 또는 「공인중개사법」에 따른 공인중개사에게 지급한 중개보수의 금액을 제외한 금액으로 한다. (○)

34 법인이 아닌 자가 유상승계취득하는 경우 취득시기 이전에 해당 물건을 취득하기 위하여 제3자에게 지급하여야 할 「공인중개사법」에 따른 공인중개사에게 지급한 중개보수는 사실상취득가격에 포함한다. (×) → 포함하지 아니한다.

35 "시가인정액"이란 취득일 전 3개월부터 취득일 후 3개월 이내의 기간에 취득 대상이 된 부동산등에 대하여 "매매 등" 사실이 있는 경우의 가액을 말한다. (×) → **취득일 전 6개월부터**

36 부동산을 상호 교환하여 소유권이전등기를 하는 것은 무상승계취득의 세율을 적용한다. (×) → **유상승계취득**

37 건축(신축과 재축은 제외) 또는 개수로 인하여 건축물 면적이 증가할 때에는 그 증가된 부분에 대하여 원시취득으로 보아 세율을 적용한다. (○)

38 법인의 주택 취득 등 중과 적용시 주택의 공유지분이나 부속토지만을 소유하거나 취득하는 경우에는 주택을 소유하거나 취득한 것으로 보지 아니한다. (×) → 본다.

39 법인의 주택 취득 등 중과 적용시 「부동산 거래신고 등에 관한 법률」 제3조 제1항 제2호에 따른 주택분양권은 해당 주택분양권을 소유한 자의 주택 수에 가산하지 아니한다. (×) → 가산한다.

40 법인의 주택 취득 등 중과 적용시 「신탁법」에 따라 신탁된 주택은 수탁자의 주택 수에 가산한다. (×) → **위탁자**

41 주거용 건축물을 취득한 날부터 60일[상속으로 인한 경우는 상속개시일이 속하는 달의 말일부터, 실종으로 인한 경우는 실종선고일이 속하는 달의 말일부터 각각 6개월 (납세자가 외국에 주소를 둔 경우에는 각각 9개월)] 이내에 주거용이 아닌 용도로 사용하거나 고급주택이 아닌 용도로 사용하기 위하여 용도변경공사를 착공하는 경우는 고급주택에서 제외한다. (○)

42 1구의 건물에 적재하중 200킬로그램를 초과하는 엘리베이터가 설치되고 <u>취득 당시 개별주택가격이 6억원을 초과</u>하는 **단독주택과 부속토지는 고급주택**이다. (　)

43 1구의 건물에 **에스컬레이터나 67제곱미터 이상의 수영장** 중 1개 이상의 시설이 설치된 **단독주택과 그 부속토지**는 **고급주택**이다. (　)

44 토지나 건축물을 취득한 후 5년 이내에 해당 토지나 건축물이 골프장, 고급주택 또는 고급오락장에 해당하게 된 경우에는 **중과세율을 적용하여 취득세를 <u>추징</u>**한다. (　)

45 고급주택, 골프장 또는 고급오락장용 건축물을 **증축·개축 또는 개수한 경우**와 일반건축물을 증축·개축 또는 개수하여 고급주택 또는 고급오락장이 된 경우에 <u>그 증가되는 건축물의 가액</u>에 대하여 **중과세율을 적용**한다. (　)

46 「여신전문금융업법」 제2조 제12호에 따른 **할부금융업 등** 대도시 중과 제외 업종에 직접 사용할 목적으로 부동산을 취득하는 경우는 **표준세율을 적용**한다. (　)

47 환매등기를 병행하는 부동산의 매매로서 환매기간 내에 매도자가 환매한 경우의 그 매도자와 매수자의 취득에 대한 취득세는 **표준세율에서 중과기준세율을 뺀 세율**로 산출한 금액을 그 세액으로 하되, **유상거래로 주택을 취득하는 경우에는 표준세율에 100분의 50을 곱한 세율**을 적용하여 산출한 금액을 그 세액으로 한다. (　)

48 상속으로 「지방세특례제한법」 제6조 제1항에 따라 **취득세의 감면대상이 되는 농지의 취득**은 취득세액을 계산할 때 <u>중과기준세율</u>을 적용한다. (　)

49 **공유물·합유물의 분할** 또는 부동산 실권리자명의 등기에 관한 법률에서 규정하고 있는 **부동산의 공유권 해소를 위한 지분이전으로 인한 취득**(등기부등본상 본인 지분을 초과하는 부분의 경우는 제외)은 취득세액을 계산할 때 <u>중과기준세율</u>을 적용한다. (　)

50 개수로 인하여 건축물 면적이 증가하는 경우 **그 증가된 부분**은 취득세액을 계산할 때 <u>중과기준세율</u>을 적용한다. (　)

51 무덤과 이에 접속된 부속시설물의 부지로 사용되는 토지로서 지적공부상 지목이 **묘지인 토지의 취득**은 취득세 <u>준세율에서 중과기준세율을 뺀</u> 세율로 산출한 금액을 그 세액으로 한다. (　)

52 임시흥행장 등 존속기간이 **1년을 초과하는 임시건축물의 취득**은 취득세 <u>표준세율에서 중과기준세율을 뺀</u> 세율로 산출한 금액을 그 세액으로 한다. (　)

53 「부동산 거래신고 등에 관한 법률」에 따른 토지거래계약에 관한 허가구역에 있는 토지를 취득하는 경우로서 **토지거래계약에 관한 허가를 받기 전에 거래대금을 완납한 경우에는** <u>그 완납일부터 60일 이내</u>에 그 과세표준액에 해당 세율을 적용하여 산출한 세액을 신고하고 납부하여야 한다. (　)

---

42 1구의 건물에 적재하중 200킬로그램를 초과하는 엘리베이터가 설치되고 취득 당시 개별주택가격이 6억원을 초과하는 단독주택과 부속토지는 고급주택이다. (×) → **9억원을 초과**

43 1구의 건물에 에스컬레이터나 67제곱미터 이상의 수영장 중 1개 이상의 시설이 설치된 단독주택과 그 부속토지는 고급주택이다. (○)

44 토지나 건축물을 취득한 후 5년 이내에 해당 토지나 건축물이 골프장, 고급주택 또는 고급오락장에 해당하게 된 경우에는 중과세율을 적용하여 취득세를 추징한다. (○)

45 고급주택, 골프장 또는 고급오락장용 건축물을 증축·개축 또는 개수한 경우와 일반건축물을 증축·개축 또는 개수하여 고급주택 또는 고급오락장이 된 경우에 그 증가되는 건축물의 가액에 대하여 중과세율을 적용한다. (○)

46 「여신전문금융업법」 제2조 제12호에 따른 할부금융업 등 대도시 중과 제외 업종에 직접 사용할 목적으로 부동산을 취득하는 경우는 표준세율을 적용한다. (○)

47 환매등기를 병행하는 부동산의 매매로서 환매기간 내에 매도자가 환매한 경우의 그 매도자와 매수자의 취득에 대한 취득세는 표준세율에서 중과기준세율을 뺀 세율로 산출한 금액을 그 세액으로 하되, 유상거래로 주택을 취득하는 경우에는 표준세율에 100분의 50을 곱한 세율을 적용하여 산출한 금액을 그 세액으로 한다. (○)

48 상속으로 「지방세특례제한법」 제6조 제1항에 따라 취득세의 감면대상이 되는 농지의 취득은 취득세액을 계산할 때 중과기준세율을 적용한다. (×) → **표준세율 - 중과기준세율**

49 공유물·합유물의 분할 또는 부동산 실권리자명의 등기에 관한 법률에서 규정하고 있는 부동산의 공유권 해소를 위한 지분이전으로 인한 취득(등기부등본상 본인 지분을 초과하는 부분의 경우는 제외)은 취득세액을 계산할 때 중과기준세율을 적용한다. (×) → **표준세율 - 중과기준세율**

50 개수로 인하여 건축물 면적이 증가하는 경우 그 증가된 부분은 취득세액을 계산할 때 중과기준세율을 적용한다. (×) → **원시취득을 보아 표준세율 1천분의 28**

51 무덤과 이에 접속된 부속시설물의 부지로 사용되는 토지로서 지적공부상 지목이 묘지인 토지의 취득은 취득세 표준세율에서 중과기준세율을 뺀 세율로 산출한 금액을 그 세액으로 한다. (×) → **중과기준세율**

52 임시흥행장 등 존속기간이 1년을 초과하는 임시건축물의 취득은 취득세 표준세율에서 중과기준세율을 뺀 세율로 산출한 금액을 그 세액으로 한다. (×) → **중과기준세율**

53 「부동산 거래신고 등에 관한 법률」에 따른 토지거래계약에 관한 허가구역에 있는 토지를 취득하는 경우로서 토지거래계약에 관한 허가를 받기 전에 거래대금을 완납한 경우에는 그 완납일부터 60일 이내에 그 과세표준액에 해당 세율을 적용하여 산출한 세액을 신고하고 납부하여야 한다. (×) → **그 허가일이나 허가구역의 지정 해제일 또는 축소일부터**

54 **무상취득(상속은 제외)** 또는 증여자의 채무를 인수하는 **부담부 증여**로 인한 취득의 경우는 **취득일부터 3개월 이내**에 그 과세표준에 세율을 적용하여 산출한 세액을 신고하고 납부하여야 한다. ( )

55 **상속**으로 취득세 과세물건을 취득한 자는 **상속개시일부터 6개월(외국에 주소를 둔 상속인이 있는 경우에는 9개월) 이내**에 그 과세표준에 세율을 적용하여 산출한 세액을 신고하고 납부하여야 한다. ( )

56 취득세 과세물건을 취득한 후에 그 과세물건이 **중과세율의 적용대상이 되었을 때**에는 **중과세대상이 된 날부터 60일 이내**에 중과세율을 적용하여 산출한 세액에서 **이미 납부한 세액(가산세 포함)**을 공제한 금액을 세액으로 하여 신고하고 납부하여야 한다. ( )

57 신고·납부기한 이내에 재산권과 그 밖의 권리의 취득·이전에 관한 사항을 공부에 등기하거나 등록(등재를 포함)하려는 경우에는 등기 또는 등록 신청서를 **등기·등록관서에 접수하는 날까지** 취득세를 신고·납부하여야 한다. ( )

58 **법정신고기한까지 과세표준 신고서를 제출한 자**는 지방자치단체의 장이 「지방세법」에 따라 그 지방세의 **과세표준과 세액을 결정하여 통지하기 전**에는 **기한후신고서**를 제출할 수 있다. ( )

59 부동산을 취득한 자는 납세의무자의 **주소지**를 관할하는 지방자치단체에 취득세를 **신고**하고 **납부**하여야 한다. ( )

60 **납세지가 분명하지 아니한 경우**에는 해당 **취득물건의 소재지**를 그 납세지로 한다. ( )

61 **같은 취득물건이 둘 이상의 지방자치단체에 걸쳐 있는 경우**에는 대통령령으로 정하는 바에 따라 **소재지별로 안분**한다. ( )

62 **취득가액이 100만원 이하**일 때에는 **취득세를 부과하지 아니한다.** ( )

63 토지나 건축물을 취득한 자가 그 취득한 날부터 **2년 이내**에 그에 인접한 토지나 건축물을 취득한 경우에는 각각 그 전후의 취득에 관한 토지나 건축물의 취득을 1건의 토지 취득 또는 1구의 건축물 취득으로 보아 **면세점**을 적용한다. ( )

64 납세의무자가 신고기한까지 취득세를 **시가인정액으로 신고한 후** 지방자치단체의 장이 세액을 **경정하기 전**에 그 시가인정액을 **수정신고한 경우**에는 **무신고가산세 및 과소신고가산세·초과환급신고가산세를** 부과하지 아니한다. ( )

65 지방자치단체의 장은 취득세 납세의무가 있는 **법인이 취득당시가액을 증명할 수 있는 장부와 관련 증거서류를 작성하지 아니한 경우**에는 산출세액 또는 부족세액의 **100분의 20**에 상당하는 금액을 징수하여야 할 세액에 가산한다. ( )

---

54 무상취득(상속은 제외) 또는 증여자의 채무를 인수하는 부담부 증여로 인한 취득의 경우는 취득일부터 3개월 이내에 그 과세표준에 세율을 적용하여 산출한 세액을 신고하고 납부하여야 한다. (×) → **취득일이 속하는 달의 말일부터**

55 상속으로 취득세 과세물건을 취득한 자는 상속개시일부터 6개월(외국에 주소를 둔 상속인이 있는 경우에는 9개월) 이내에 그 과세표준에 세율을 적용하여 산출한 세액을 신고하고 납부하여야 한다. (×) → **상속개시일이 속하는 달의 말일부터**

56 취득세 과세물건을 취득한 후에 그 과세물건이 중과세율의 적용대상이 되었을 때에는 중과세대상이 된 날부터 60일 이내에 중과세율을 적용하여 산출한 세액에서 이미 납부한 세액(가산세 포함)을 공제한 금액을 세액으로 하여 신고하고 납부하여야 한다. (×) → **가산세 제외**

57 신고·납부기한 이내에 재산권과 그 밖의 권리의 취득·이전에 관한 사항을 공부에 등기하거나 등록(등재를 포함)하려는 경우에는 등기 또는 등록 신청서를 등기·등록관서에 접수하는 날까지 취득세를 신고·납부하여야 한다. (○)

58 법정신고기한까지 과세표준 신고서를 제출한 자는 지방자치단체의 장이 「지방세법」에 따라 그 지방세의 과세표준과 세액을 결정하여 통지하기 전에는 기한후신고서를 제출할 수 있다. (×) → **법정신고기한까지 과세표준 신고서를 제출하지 아니한 자**

59 부동산을 취득한 자는 납세의무자의 주소지를 관할하는 지방자치단체에 취득세를 신고하고 납부하여야 한다. (×) → **부동산 소재지**

60 납세지가 분명하지 아니한 경우에는 해당 취득물건의 소재지를 그 납세지로 한다. (○)

61 같은 취득물건이 둘 이상의 지방자치단체에 걸쳐 있는 경우에는 대통령령으로 정하는 바에 따라 소재지별로 안분한다. (○)

62 취득가액이 100만원 이하일 때에는 취득세를 부과하지 아니한다. (×) → **50만원 이하**

63 토지나 건축물을 취득한 자가 그 취득한 날부터 2년 이내에 그에 인접한 토지나 건축물을 취득한 경우에는 각각 그 전후의 취득에 관한 토지나 건축물의 취득을 1건의 토지 취득 또는 1구의 건축물 취득으로 보아 면세점을 적용한다. (×) → **1년 이내**

64 납세의무자가 신고기한까지 취득세를 시가인정액으로 신고한 후 지방자치단체의 장이 세액을 경정하기 전에 그 시가인정액을 수정신고한 경우에는 무신고가산세 및 과소신고가산세·초과환급신고가산세를 부과하지 아니한다. (○)

65 지방자치단체의 장은 취득세 납세의무가 있는 법인이 취득당시가액을 증명할 수 있는 장부와 관련 증거서류를 작성하지 아니한 경우에는 산출세액 또는 부족세액의 100분의 20에 상당하는 금액을 징수하여야 할 세액에 가산한다. (×) → **100분의 10**

66 지목변경, 차량·기계장비 또는 선박의 종류 변경, 주식 등의 취득 등 취득으로 보는 과세물건을 **신고를 하지 아니하고 매각하는 경우**에는 산출세액에 <u>100분의 80을 가산한 금액</u>을 세액으로 하여 보통징수의 방법으로 징수한다. (　)

67 <u>등기·등록관서의 장</u>은 등기 또는 등록 후에 취득세가 납부되지 아니하였거나 납부부족액을 발견하였을 때에는 <u>다음 달 20일까지</u> 납세지를 관할하는 시장·군수·구청장에게 통보하여야 한다. (　)

66 지목변경, 차량·기계장비 또는 선박의 종류 변경, 주식 등의 취득 등 취득으로 보는 과세물건을 신고를 하지 아니하고 매각하는 경우에는 산출세액에 100분의 80을 가산한 금액을 세액으로 하여 보통징수의 방법으로 징수한다. (×) → **지목변경**은 100분의 80의 **중가산세 배제**

67 등기·등록관서의 장은 등기 또는 등록 후에 취득세가 납부되지 아니하였거나 납부부족액을 발견하였을 때에는 다음 달 20일까지 납세지를 관할하는 시장·군수·구청장에게 통보하여야 한다. (×) → **다음 달 10일까지**

등록에 대한 등록면허세

:: 출제예상지문 O·X

01 등록면허세의 "등록"에는 취득세 부과제척기간이 경과한 물건의 등기 또는 등록과 취득세 면세점에 해당하는 물건의 등기 또는 등록은 **포함한다.** (　)

02 甲이 乙로부터 부동산을 <u>40만원에 취득</u>한 경우 <u>등록면허세 납세의무가 있다.</u> (　)

03 등기·등록이 된 이후 법원의 판결 등에 의해 그 등기 또는 등록이 무효 또는 취소가 되어 등기·등록이 말소된 경우 이미 납부한 등록면허세는 <u>과오납으로 환급할 수 있다.</u> (　)

04 甲이 乙소유 부동산에 관해 **전세권설정등기**를 하는 경우에 등록면허세의 납세의무자는 **전세권자**인 甲이다. (　)

05 지방세의 **체납**으로 인하여 압류의 등기를 한 재산에 대하여 **압류해제**의 등기를 할 경우 <u>등록면허세가 과세된다.</u> (　)

06 무덤과 이에 접속된 부속시설물의 부지로 사용되는 토지로서 지적공부상 지목이 **묘지**인 토지에 관한 등기에 대하여는 **등록면허세를 부과하지 아니한다.** (　)

07 취득세의 **면세점**에 해당하는 물건의 등기 또는 등록에 따른 취득을 원인으로 하는 등록의 경우 **취득당시가액**을 과세표준으로 한다. 다만, <u>등록 당시에 자산재평가 또는 감가상각 등의 사유로 그 가액이 달라진 경우</u>에는 **변경된 가액**을 과세표준으로 한다. (　)

08 「지방세기본법」 제38조에 따른 **취득세 부과제척기간이 경과한 물건의 등기 또는 등록**에 따른 취득을 원인으로 하는 등록의 경우 <u>등록 당시의 가액</u>과 **취득당시가액** 중 **높은 가액**을 과세표준으로 한다. (　)

09 <u>취득당시가액</u>을 등록면허세의 과세표준으로 하는 경우 등록 당시에 자산재평가의 사유로 그 가액이 달라진 때에는 <u>자산재평가 전의 가액</u>을 과세표준으로 한다. (　)

:: 출제예상지문 O·X에 대한 정답 및 해설

01 등록면허세의 "등록"에는 취득세 부과제척기간이 경과한 물건의 등기 또는 등록과 취득세 면세점에 해당하는 물건의 등기 또는 등록은 포함한다. (○)

02 甲이 乙로부터 부동산을 40만원에 취득한 경우 등록면허세 납세의무가 있다. (○)

03 등기·등록이 된 이후 법원의 판결 등에 의해 그 등기 또는 등록이 무효 또는 취소가 되어 등기·등록이 말소된 경우 이미 납부한 등록면허세는 과오납으로 환급할 수 있다. (×) → **환급할 수 없다.**

04 甲이 乙소유 부동산에 관해 전세권설정등기를 하는 경우에 등록면허세의 납세의무자는 전세권자인 甲이다. (○)

05 지방세의 체납으로 인하여 압류의 등기를 한 재산에 대하여 압류해제의 등기를 할 경우 등록면허세가 과세된다. (×) → **부과하지 아니한다**

06 무덤과 이에 접속된 부속시설물의 부지로 사용되는 토지로서 지적공부상 지목이 묘지인 토지에 관한 등기에 대하여는 등록면허세를 부과하지 아니한다. (○)

07 취득세의 면세점에 해당하는 물건의 등기 또는 등록에 따른 취득을 원인으로 하는 등록의 경우 취득당시가액을 과세표준으로 한다. 다만, 등록 당시에 자산재평가 또는 감가상각 등의 사유로 그 가액이 달라진 경우에는 변경된 가액을 과세표준으로 한다. (○)

08 「지방세기본법」 제38조에 따른 취득세 부과제척기간이 경과한 물건의 등기 또는 등록에 따른 취득을 원인으로 하는 등록의 경우 등록 당시의 가액과 취득당시가액 중 높은 가액을 과세표준으로 한다. (○)

09 취득당시가액을 등록면허세의 과세표준으로 하는 경우 등록 당시에 자산재평가의 사유로 그 가액이 달라진 때에는 자산재평가 전의 가액을 과세표준으로 한다. (×) → **변경된 가액**

10 거주자인 개인 甲은 乙이 소유한 시가 15억원인 부동산에 전세기간 2년, <u>전세보증금 10억원</u>으로 하는 전세계약을 체결하고, <u>전세권 설정등기</u>를 한 경우 甲의 <u>등록면허세 납부세액은 200만원</u>이다. ( )

11 부동산등기에 대한 등록면허세의 <u>산출한 세액이 6천원보다 적을 때</u>에는 <u>등록면허세를 징수하지 아니한다.</u> ( )

12 대도시에서 법인을 <u>설립</u>하거나 지점이나 분사무소를 <u>설치</u>함에 따른 등기 또는 대도시 밖에 있는 법인의 본점이나 주사무소를 대도시로 <u>전입</u>함에 따른 등기를 할 때에는 그 세율을 해당 표준세율의 <u>100분의 500</u>으로 한다. ( )

13 등록면허세를 비과세, 과세면제 또는 경감받은 후에 해당 과세물건이 등록면허세 <u>부과대상 또는 추징대상이 되었을 때</u>에는 그 사유 발생일부터 <u>60일 이내</u>에 해당 과세표준에 세율을 적용하여 산출한 세액[경감받은 경우에는 이미 납부한 세액(<u>가산세를 포함</u>)을 공제한 세액을 말함]을 납세지를 관할하는 지방자치단체의 장에게 신고하고 납부하여야 한다. ( )

14 <u>신고의무를 다하지 아니한 경우에도 등록면허세 산출세액을 등록을 하기 전까지 납부하였을 때</u>에는 신고를 하고 납부한 것으로 본다. 이 경우 <u>무신고가산세액 및 과소신고가산세액의 100분의 50</u>에 상당하는 금액을 감면한다.
( )

15 채권자대위자는 납세의무자를 대위하여 부동산의 등기에 대한 등록면허세를 <u>신고납부할 수 없다.</u> ( )

16 지방자치단체의 장은 **채권자대위자**의 부동산의 등기에 대한 등록면허세의 **신고납부가 있는 경우** 납세의무자에게 그 사실을 즉시 **통보**하여야 한다. ( )

17 甲이 乙소유 부동산에 관해 전세권설정등기를 하는 경우에 <u>부동산소재지와 乙의 주소지가 다른 경우</u> 등록면허세의 납세지는 乙의 <u>주소지</u>로 한다. ( )

18 부동산 등기에 대한 등록면허세의 납세지가 분명하지 아니한 경우에는 **등록관청 소재지**를 납세지로 한다. ( )

19 <u>같은 등록에 관계되는 재산이 둘 이상의 지방자치단체에 걸쳐 있어 등록면허세를 지방자치단체별로 부과할 수 없을 때</u>에는 <u>등록관청 소재지</u>를 납세지로 한다. ( )

20 <u>같은 채권의 담보를 위하여 설정하는 둘 이상의 저당권을 등록하는 경우</u>에는 이를 하나의 등록으로 보아 그 등록에 관계되는 재산을 <u>처음 등록하는 등록관청 소재지</u>를 납세지로 한다. ( )

10 거주자인 개인 甲은 乙이 소유한 시가 15억원인 부동산에 전세기간 2년, 전세보증금 10억원으로 하는 전세계약을 체결하고, 전세권 설정등기를 한 경우 甲의 등록면허세 납부세액은 200만원이다. (○)

11 부동산등기에 대한 등록면허세의 산출한 세액이 6천원보다 적을 때에는 등록면허세를 징수하지 아니한다. (×) → 6천원으로 한다.

12 대도시에서 법인을 설립하거나 지점이나 분사무소를 설치함에 따른 등기 또는 대도시 밖에 있는 법인의 본점이나 주사무소를 대도시로 전입함에 따른 등기를 할 때에는 그 세율을 해당 표준세율의 100분의 500으로 한다. (×) → 100분의 300

13 등록면허세를 비과세, 과세면제 또는 경감받은 후에 해당 과세물건이 등록면허세 부과대상 또는 추징대상이 되었을 때에는 그 사유 발생일부터 60일 이내에 해당 과세표준에 세율을 적용하여 산출한 세액[경감받은 경우에는 이미 납부한 세액(가산세를 포함)을 공제한 세액을 말함]을 납세지를 관할하는 지방자치단체의 장에게 신고하고 납부하여야 한다. (×) → **가산세 제외**

14 신고의무를 다하지 아니한 경우에도 등록면허세 산출세액을 등록을 하기 전까지 납부하였을 때에는 신고를 하고 납부한 것으로 본다. 이 경우 무신고가산세액 및 과소신고가산세액의 100분의 50에 상당하는 금액을 감면한다. (×) → 무신고가산세 및 과소신고가산세를 부과하지 아니한다.

15 채권자대위자는 납세의무자를 대위하여 부동산의 등기에 대한 등록면허세를 신고납부할 수 없다. (×) → 있다.

16 지방자치단체의 장은 채권자대위자의 부동산의 등기에 대한 등록면허세의 신고납부가 있는 경우 납세의무자에게 그 사실을 즉시 통보하여야 한다. (○)

17 甲이 乙소유 부동산에 관해 전세권설정등기를 하는 경우에 부동산소재지와 乙의 주소지가 다른 경우 등록면허세의 납세지는 乙의 주소지로 한다. (×) → **부동산 소재지**

18 부동산 등기에 대한 등록면허세의 납세지가 분명하지 아니한 경우에는 등록관청 소재지를 납세지로 한다. (○)

19 같은 등록에 관계되는 재산이 둘 이상의 지방자치단체에 걸쳐 있어 등록면허세를 지방자치단체별로 부과할 수 없을 때에는 등록관청 소재지를 납세지로 한다. (○)

20 같은 채권의 담보를 위하여 설정하는 둘 이상의 저당권을 등록하는 경우에는 이를 하나의 등록으로 보아 그 등록에 관계되는 재산을 처음 등록하는 등록관청 소재지를 납세지로 한다. (○)

재산세

∷ 출제예상지문 O·X

01 과세기준일에 재산세 과세대상 재산이 **양도·양수된 때**에는 **양도인**을 과세기준일 현재 과세대상 재산을 사실상 소유하고 있는 자로 본다. ( )

02 **주택의 건물과 부속토지의 소유자가 다를 경우** 그 주택에 대한 산출세액을 건축물과 그 부속토지의 **면적 비율로 안분계산**한 부분에 대하여 그 소유자를 납세의무자로 본다. ( )

03 재산의 **소유권 변동** 또는 과세대상 재산의 변동 사유가 발생하였으나 **과세기준일까지 그 등기·등록이 되지 아니한** 재산의 **공부상 소유자**는 과세기준일부터 15일 이내에 그 소재지를 관할하는 지방자치단체의 장에게 그 사실을 알 수 있는 증거자료를 갖추어 신고하여야 한다. ( )

04 공부상의 소유자가 매매 등의 사유로 **소유권이 변동**되었는데도 신고하지 아니하여 **사실상의 소유자를 알 수 없을 때**에는 **사용자**가 재산세를 납부할 의무가 있다. ( )

05 재산세 과세기준일 현재 **소유권의 귀속**이 분명하지 아니하여 사실상의 소유자를 확인할 수 없는 경우에는 **공부상 소유자**가 재산세를 납부할 의무가 있다. ( )

06 상속이 개시된 재산으로서 **상속등기가 되지 아니한 때**에는 상속자가 지분에 따라 **신고하면 신고된 지분**에 따른 납세의무가 성립하고 **신고가 없으면 주된** 상속자에게 납세의무가 있다. 이 경우 주된 상속자란 「민법」상 **상속지분이 가장 높은 사람**으로 하되, 상속지분이 가장 높은 사람이 두 명 이상이면 그 중 **나이가 가장 많은 사람**으로 한다. ( )

07 「신탁법」 제2조에 따른 수탁자의 **명의로 등기 또는 등록된 신탁재산의 경우에는 수탁자**가 재산세를 납부할 의무가 있다. ( )

08 신탁재산의 위탁자가 신탁 설정일 **이후에** 법정기일이 도래하는 해당 신탁재산과 관련하여 발생한 **재산세 등을 체납한 경우로서 그 위탁자의 다른 재산에 대하여 체납처분을 하여도 징수할 금액에 미치지 못할 때**에는 해당 신탁재산의 수탁자는 그 신탁재산으로써 위탁자의 재산세 등을 납부할 의무가 있다. ( )

09 지방자치단체와 재산세 과세대상 재산을 연부 매매계약을 체결하고 그 재산의 **사용권을 유상**으로 받은 경우에는 그 **매수계약자**를 납세의무자로 본다. ( )

10 「채무자 회생 및 파산에 관한 법률」에 따른 파산선고 이후 파산종결의 결정까지 **파산재단**에 속하는 재산의 경우 **공부상 소유자**는 재산세를 납부할 의무가 있다. ( )

11 재산세 과세대상인 **건축물**의 범위에는 주택을 **포함한다.** ( )

∷ 출제예상지문 O·X에 대한 정답 및 해설

01 과세기준일에 재산세 과세대상 재산이 양도·양수된 때에는 양도인을 과세기준일 현재 과세대상 재산을 사실상 소유하고 있는 자로 본다. (×) → **양수인**

02 주택의 건물과 부속토지의 소유자가 다를 경우 그 주택에 대한 산출세액을 건축물과 그 부속토지의 면적 비율로 안분계산한 부분에 대하여 그 소유자를 납세의무자로 본다. (×) → **시가표준액 비율**

03 재산의 소유권 변동 또는 과세대상 재산의 변동 사유가 발생하였으나 과세기준일까지 그 등기·등록이 되지 아니한 재산의 공부상 소유자는 과세기준일부터 15일 이내에 그 소재지를 관할하는 지방자치단체의 장에게 그 사실을 알 수 있는 증거자료를 갖추어 신고하여야 한다. (○)

04 공부상의 소유자가 매매 등의 사유로 소유권이 변동되었는데도 신고하지 아니하여 사실상의 소유자를 알 수 없을 때에는 사용자가 재산세를 납부할 의무가 있다. (×) → **공부상 소유자**

05 재산세 과세기준일 현재 소유권의 귀속이 분명하지 아니하여 사실상의 소유자를 확인할 수 없는 경우에는 공부상 소유자가 재산세를 납부할 의무가 있다. (×) → **사용자**

06 상속이 개시된 재산으로서 상속등기가 되지 아니한 때에는 상속자가 지분에 따라 신고하면 신고된 지분에 따른 납세의무가 성립하고 신고가 없으면 주된 상속자에게 납세의무가 있다. 이 경우 주된 상속자란 「민법」상 **상속지분이 가장 높은 사람**으로 하되, 상속지분이 가장 높은 사람이 두 명 이상이면 그 중 **나이가 가장 많은 사람**으로 한다. (○)

07 「신탁법」 제2조에 따른 수탁자의 명의로 등기 또는 등록된 신탁재산의 경우에는 수탁자가 재산세를 납부할 의무가 있다. (×) → **위탁자**

08 신탁재산의 위탁자가 신탁 설정일 이후에 법정기일이 도래하는 해당 신탁재산과 관련하여 발생한 재산세 등을 체납한 경우로서 그 위탁자의 다른 재산에 대하여 체납처분을 하여도 징수할 금액에 미치지 못할 때에는 해당 신탁재산의 수탁자는 그 신탁재산으로써 위탁자의 재산세 등을 납부할 의무가 있다. (○)

09 지방자치단체와 재산세 과세대상 재산을 연부 매매계약을 체결하고 그 재산의 사용권을 유상으로 받은 경우에는 그 매수계약자를 납세의무자로 본다. (×) → **사용권을 무상**

10 「채무자 회생 및 파산에 관한 법률」에 따른 파산선고 이후 파산종결의 결정까지 파산재단에 속하는 재산의 경우 공부상 소유자는 재산세를 납부할 의무가 있다. (○)

11 재산세 과세대상인 건축물의 범위에는 주택을 포함한다. (×) → **주택은 제외**

12 재산세의 과세대상인 **주택**은 <u>부속토지를 제외한</u> 주거용 건축물을 말한다. ( )

13 관계 법령에 따라 허가 등을 받아야 함에도 불구하고 **허가 등을 받지 않고** 재산세의 과세대상 물건을 이용하는 경우로서 <u>사실상 현황에 따라 재산세를 부과하면 오히려 재산세 부담이 낮아지는 경우</u> 또는 재산세 과세기준일 현재의 사용이 <u>일시적으로 공부상 등재현황과 달리 사용하는 것으로 인정되는 경우</u>에는 공부상 등재현황에 따라 재산세를 부과한다. ( )

14 건축물에서 **허가 등**이나 **사용승인**(임시사용승인을 포함)을 받지 아니하고 <u>주거용으로 사용하는</u> 면적이 전체 건축물 면적(허가 등이나 사용승인을 받은 면적을 포함)의 100분의 50 이상인 경우에는 <u>그 건축물 전체</u>를 <u>주택으로 보지 아니하고</u>, 그 부속토지는 별도합산과세대상에 해당하는 토지로 본다. ( )

15 <u>토지</u>와 <u>주택</u>에 대한 재산세 과세대상은 **종합합산과세대상**, **별도합산과세대상** 및 분리과세대상으로 구분한다. ( )

16 「한국농어촌공사 및 농지관리기금법」에 따라 설립된 **한국농어촌공사**가 같은 법에 따라 농가에 공급하기 위하여 소유하는 **농지**는 분리과세대상이다. ( )

17 <u>1990년 5월 31일 이전부터</u> **사회복지사업자**가 복지시설이 소비목적으로 사용할 수 있도록 하기 위하여 소유하는 **농지**는 분리과세대상이다. ( )

18 <u>1990년 5월 31일 이전부터</u> 종중이 소유하는 **농지**는 분리과세대상이다. ( )

19 <u>도시지역 밖</u>의 **목장용지**로서 과세기준일이 속하는 해의 직전 연도를 기준으로 축산용 토지 및 건축물의 기준을 적용하여 계산한 **토지면적**의 <u>범위에서</u> **소유하는 토지**는 분리과세대상이다. ( )

20 「문화재보호법」 제2조 제3항에 따른 **지정문화재** 및 같은 조 제5항에 따른 보호구역 안의 <u>임야</u>는 분리과세대상이다. ( )

21 「자연공원법」에 따라 지정된 **공원자연환경지구**의 <u>임야</u>는 **분리과세대상**이다. ( )

22 <u>1990년 5월 31일 이전부터</u> **종중**이 소유하고 있는 <u>임야</u>는 **분리과세대상**이다. ( )

23 <u>1990년 5월 31일 이전부터</u> 소유하고 있는 「수도법」에 따른 **상수원보호구역**의 <u>임야</u>는 **분리과세대상**이다. ( )

24 <u>1989년 12월 31일 이전부터</u> 소유하는 「개발제한구역의 지정 및 관리에 관한 특별조치법」에 따른 **개발제한구역**의 <u>임야</u>는 **분리과세대상**이다. ( )

25 군지역에 소재한 **공장용 건축물의 부속토지** 중 공장입지 기준면적을 <u>초과</u>하는 토지는 **종합합산과세대상**이다. ( )

---

12 재산세의 과세대상인 주택은 부속토지를 제외한 주거용 건축물을 말한다. (×) → **부속토지를 포함**

13 관계 법령에 따라 허가 등을 받아야 함에도 불구하고 허가 등을 받지 않고 재산세의 과세대상 물건을 이용하는 경우로서 사실상 현황에 따라 재산세를 부과하면 오히려 재산세 부담이 낮아지는 경우 또는 재산세 과세기준일 현재의 사용이 일시적으로 공부상 등재현황과 달리 사용하는 것으로 인정되는 경우에는 공부상 등재현황에 따라 재산세를 부과한다. (○)

14 건축물에서 허가 등이나 사용승인(임시사용승인을 포함)을 받지 아니하고 주거용으로 사용하는 면적이 전체 건축물 면적(허가 등이나 사용승인을 받은 면적을 포함)의 100분의 50 이상인 경우에는 그 건축물 전체를 주택으로 보지 아니하고, 그 부속토지는 별도합산과세대상에 해당하는 토지로 본다. (×) → **종합합산과세대상**에 해당하는 토지

15 토지와 주택에 대한 재산세 과세대상은 종합합산과세대상, 별도합산과세대상 및 분리과세대상으로 구분한다. (×) → 주택은 주택분 재산세로 과세

16 「한국농어촌공사 및 농지관리기금법」에 따라 설립된 한국농어촌공사가 같은 법에 따라 농가에 공급하기 위하여 소유하는 농지는 분리과세대상이다. (○)

17 1990년 5월 31일 이전부터 사회복지사업자가 복지시설이 소비목적으로 사용할 수 있도록 하기 위하여 소유하는 농지는 분리과세대상이다. (○)

18 1990년 5월 31일 이전부터 종중이 소유하는 농지는 분리과세대상이다. (○)

19 도시지역 밖의 목장용지로서 과세기준일이 속하는 해의 직전 연도를 기준으로 축산용 토지 및 건축물의 기준을 적용하여 계산한 토지면적의 범위에서 소유하는 토지는 분리과세대상이다. (○)

20 「문화재보호법」 제2조 제3항에 따른 지정문화재 및 같은 조 제5항에 따른 보호구역 안의 임야는 분리과세대상이다. (○)

21 「자연공원법」에 따라 지정된 공원자연환경지구의 임야는 분리과세대상이다. (○)

22 1990년 5월 31일 이전부터 종중이 소유하고 있는 임야는 분리과세대상이다. (○)

23 1990년 5월 31일 이전부터 소유하고 있는 「수도법」에 따른 상수원보호구역의 임야는 분리과세대상이다. (○)

24 1989년 12월 31일 이전부터 소유하는 「개발제한구역의 지정 및 관리에 관한 특별조치법」에 따른 개발제한구역의 임야는 분리과세대상이다. (○)

25 군지역에 소재한 공장용 건축물의 부속토지 중 공장입지 기준면적을 초과하는 토지는 종합합산과세대상이다. (○)

26　시지역(읍·면지역 제외)의 <u>산업단지</u>에 위치한 <u>공장용 건축물의 부속토지</u>로서 공장입지기준면적 <u>이내</u>의 토지는 <u>분리과세대상</u>이다. (　)

27　국가나 지방자치단체가 <u>국방상의 목적 외에는 그 사용 및 처분 등을 제한하는 공장 구내의 토지</u>는 분리과세대상이다. (　)

28　과세기준일 현재 계속 <u>염전</u>으로 실제 사용하고 있거나 계속 염전으로 사용하다가 사용을 폐지한 토지는 <u>분리과세대상</u>이다. 다만, 염전 사용을 폐지한 후 다른 용도로 사용하는 토지는 제외한다. (　)

29　「여객자동차 운수사업법」 및 「물류시설의 개발 및 운영에 관한 법률」에 따라 면허 또는 인가를 받은 자가 계속하여 사용하는 <u>여객자동차터미널 및 물류터미널용 토지</u>는 분리과세대상이다. (　)

30　「부동산투자회사법」 제49조의3 제1항에 따른 <u>공모부동산투자회사</u>가 목적사업에 사용하기 위하여 소유하고 있는 토지는 분리과세대상이다. (　)

31　지방세법 제13조 제5항에 따른 <u>골프장용 토지</u>와 같은 항에 따른 <u>고급오락장용 토지</u>는 분리과세대상이다. (　)

32　<u>영업용 건축물의 부속토지</u> 중 건축물의 바닥면적에 용도지역별 적용배율을 곱하여 산정한 면적 <u>범위의 토지</u>는 별도합산과세대상이다. (　)

33　<u>영업용 건축물의 시가표준액이 해당 부속토지의 시가표준액의 100분의 2에 미달</u>하는 건축물의 부속토지 중 <u>그 건축물의 바닥면적을 제외한 부속토지</u>는 <u>종합합산과세대상</u>이다. (　)

34　「건축법」 등 관계 법령에 따라 허가 등을 받아야 할 영업용 건축물로서 <u>허가 등을 받지 아니한 건축물</u> 또는 사용승인을 받아야 할 영업용 건축물로서 <u>사용승인(임시사용승인을 포함)을 받지 아니하고 사용 중인 건축물의 부속토지</u>는 종합합산과세대상이다. (　)

35　「여객자동차 운수사업법」 또는 「화물자동차 운수사업법」에 따라 여객자동차운송사업 또는 화물자동차 운송사업의 면허·등록 또는 자동차대여사업의 등록을 받은 자가 그 면허·등록조건에 따라 사용하는 <u>차고용 토지</u>로서 자동차운송 또는 대여사업의 최저보유차고면적기준의 1.5배에 해당하는 면적 <u>이내</u>의 토지는 <u>별도합산과세대상</u>이다. (　)

36　「도로교통법」에 따라 등록된 자동차운전학원의 <u>자동차운전학원용 토지</u>로서 같은 법에서 정하는 시설을 갖춘 구역 안의 토지는 <u>별도합산과세대상</u>이다. (　)

37　「체육시설의 설치·이용에 관한 법률 시행령」 제12조에 따른 <u>스키장 및 골프장용 토지 중 원형이 보전되는 임야</u>는 <u>별도합산과세대상</u>이다. (　)

26　시지역(읍·면지역 제외)의 산업단지에 위치한 공장용 건축물의 부속토지로서 공장입지기준면적 이내의 토지는 분리과세대상이다. (○)

27　국가나 지방자치단체가 국방상의 목적 외에는 그 사용 및 처분 등을 제한하는 공장 구내의 토지는 분리과세대상이다. (○)

28　과세기준일 현재 계속 염전으로 실제 사용하고 있거나 계속 염전으로 사용하다가 사용을 폐지한 토지는 분리과세대상이다. 다만, 염전 사용을 폐지한 후 다른 용도로 사용하는 토지는 제외한다. (○)

29　「여객자동차 운수사업법」 및 「물류시설의 개발 및 운영에 관한 법률」에 따라 면허 또는 인가를 받은 자가 계속하여 사용하는 여객자동차터미널 및 물류터미널용 토지는 분리과세대상이다. (○)

30　「부동산투자회사법」 제49조의3 제1항에 따른 공모부동산투자회사가 목적사업에 사용하기 위하여 소유하고 있는 토지는 분리과세대상이다. (○)

31　지방세법 제13조 제5항에 따른 골프장용 토지와 같은 항에 따른 고급오락장용 토지는 분리과세대상이다. (○)

32　영업용 건축물의 부속토지 중 건축물의 바닥면적에 용도지역별 적용배율을 곱하여 산정한 면적 범위의 토지는 별도합산과세대상이다. (○)

33　영업용 건축물의 시가표준액이 해당 부속토지의 시가표준액의 100분의 2에 미달하는 건축물의 부속토지 중 그 건축물의 바닥면적을 제외한 부속토지는 종합합산과세대상이다. (○)

34　「건축법」 등 관계 법령에 따라 허가 등을 받아야 할 영업용 건축물로서 허가 등을 받지 아니한 건축물 또는 사용승인을 받아야 할 영업용 건축물로서 사용승인(임시사용승인을 포함)을 받지 아니하고 사용 중인 건축물의 부속토지는 종합합산과세대상이다. (○)

35　「여객자동차 운수사업법」 또는 「화물자동차 운수사업법」에 따라 여객자동차운송사업 또는 화물자동차 운송사업의 면허·등록 또는 자동차대여사업의 등록을 받은 자가 그 면허·등록조건에 따라 사용하는 차고용 토지로서 자동차운송 또는 대여사업의 최저보유차고면적기준의 1.5배에 해당하는 면적 이내의 토지는 별도합산과세대상이다. (○)

36　「도로교통법」에 따라 등록된 자동차운전학원의 자동차운전학원용 토지로서 같은 법에서 정하는 시설을 갖춘 구역 안의 토지는 별도합산과세대상이다. (○)

37　「체육시설의 설치·이용에 관한 법률 시행령」 제12조에 따른 스키장 및 골프장용 토지 중 원형이 보전되는 임야는 별도합산과세대상이다. (○)

38 국가가 소유권의 유상이전을 약정한 경우로서 그 재산을 취득하기 전에 1년 이상 공용으로 미리 사용하는 경우에는 재산세를 부과하지 아니한다. ( )

39 「도로법」 제2조 제2호에 따른 도로의 부속물 중 도로관리시설, 휴게시설, 주유소, 충전소, 교통·관광안내소 및 도로에 연접하여 설치한 연구시설은 재산세의 비과세 대상이다. ( )

40 「건축법 시행령」 제80조의2에 따른 대지 안의 공지는 재산세의 비과세 대상이다. ( )

41 「공간정보의 구축 및 관리 등에 관한 법률」에 따른 제방으로서 특정인이 전용하는 제방은 재산세의 비과세 대상이다. ( )

42 「군사기지 및 군사시설 보호법」에 따른 군사기지 및 군사시설 보호구역 중 통제보호구역에 있는 전·답·과수원 및 대지는 재산세의 비과세 대상이다. ( )

43 임시로 사용하기 위하여 건축된 고급오락용 건축물로서 재산세 과세기준일 현재 1년 미만의 것은 재산세의 비과세 대상이다. ( )

44 재산세를 부과하는 해당 연도에 철거하기로 계획이 확정되어 재산세 과세기준일 현재 행정관청으로부터 철거명령을 받았거나 철거보상계약이 체결된 건축물과 부속토지는 재산세의 비과세 대상이다. ( )

45 토지의 재산세 과세표준은 개별공시지가로 한다. ( )

46 공동주택(1세대 1주택은 아님)의 재산세 과세표준은 공동주택가격에 100분의 70의 공정시장가액비율을 곱하여 산정한 가액으로 한다. ( )

47 주택의 과세표준이 과세표준상한액보다 큰 경우에는 해당 주택의 과세표준은 과세표준상한액으로 한다. ( )

48 토지에 대한 재산세의 세율을 적용하는 경우 이 법 또는 관계 법령에 따라 재산세를 경감할 때에는 과세표준에서 경감대상 토지의 과세표준액에 경감비율(비과세 또는 면제의 경우에는 이를 100분의 100으로 봄)을 곱한 금액을 공제하여 세율을 적용한다. ( )

49 분리과세대상이 되는 해당 토지의 가액을 과세표준으로 하여 분리과세대상의 세율을 적용한다. ( )

50 납세의무자가 해당 지방자치단체 관할구역에 소유하고 있는 종합합산과세대상 토지의 가액을 모두 합한 금액을 과세표준으로 하여 종합합산과세대상의 세율을 적용한다. ( )

51 납세의무자가 해당 지방자치단체 관할구역에 소유하고 있는 별도합산과세대상 토지의 가액을 모두 합한 금액을 과세표준으로 하여 별도합산과세대상의 세율을 적용한다. ( )

38 국가가 소유권의 유상이전을 약정한 경우로서 그 재산을 취득하기 전에 1년 이상 공용으로 미리 사용하는 경우에는 재산세를 부과하지 아니한다. (×) → 부과한다.

39 「도로법」 제2조 제2호에 따른 도로의 부속물 중 도로관리시설, 휴게시설, 주유소, 충전소, 교통·관광안내소 및 도로에 연접하여 설치한 연구시설은 재산세의 비과세 대상이다. (×) → 과세대상이다.

40 「건축법 시행령」 제80조의2에 따른 대지 안의 공지는 재산세의 비과세 대상이다. (×) → 과세대상이다.

41 「공간정보의 구축 및 관리 등에 관한 법률」에 따른 제방으로서 특정인이 전용하는 제방은 재산세의 비과세 대상이다. (×) → 과세대상이다.

42 「군사기지 및 군사시설 보호법」에 따른 군사기지 및 군사시설 보호구역 중 통제보호구역에 있는 전·답·과수원 및 대지는 재산세의 비과세 대상이다. (×) → 과세대상이다.

43 임시로 사용하기 위하여 건축된 고급오락용 건축물로서 재산세 과세기준일 현재 1년 미만의 것은 재산세의 비과세 대상이다. (×) → 과세대상이다.

44 재산세를 부과하는 해당 연도에 철거하기로 계획이 확정되어 재산세 과세기준일 현재 행정관청으로부터 철거명령을 받았거나 철거보상계약이 체결된 건축물과 부속토지는 재산세의 비과세 대상이다. (×) → 부속토지는 과세대상이다.

45 토지의 재산세 과세표준은 개별공시지가로 한다. (×) → 개별공시지가에 100분의 70의 공정시장가액비율을 곱하여 산정한 가액

46 공동주택(1세대 1주택은 아님)의 재산세 과세표준은 공동주택가격에 100분의 70의 공정시장가액비율을 곱하여 산정한 가액으로 한다. (×) → 100분의 60

47 주택의 과세표준이 과세표준상한액보다 큰 경우에는 해당 주택의 과세표준은 과세표준상한액으로 한다. (○)

48 토지에 대한 재산세의 세율을 적용하는 경우 이 법 또는 관계 법령에 따라 재산세를 경감할 때에는 과세표준에서 경감대상 토지의 과세표준액에 경감비율(비과세 또는 면제의 경우에는 이를 100분의 100으로 봄)을 곱한 금액을 공제하여 세율을 적용한다. (○)

49 분리과세대상이 되는 해당 토지의 가액을 과세표준으로 하여 분리과세대상의 세율을 적용한다. (○)

50 납세의무자가 해당 지방자치단체 관할구역에 소유하고 있는 종합합산과세대상 토지의 가액을 모두 합한 금액을 과세표준으로 하여 종합합산과세대상의 세율을 적용한다. (○)

51 납세의무자가 해당 지방자치단체 관할구역에 소유하고 있는 별도합산과세대상 토지의 가액을 모두 합한 금액을 과세표준으로 하여 별도합산과세대상의 세율을 적용한다. (○)

52 주택에 대한 재산세는 <u>주택별로</u> 주택의 세율을 적용한다. ( )

52 주택에 대한 재산세는 주택별로 주택의 세율을 적용한다. (○)

53 토지와 건물의 소유자가 다른 주택에 대해 세율을 적용할 때 해당 주택의 <u>토지와 건물의 가액을 소유자별로 구분계</u>산한 과세표준에 주택의 세율을 적용한다. ( )

53 토지와 건물의 소유자가 다른 주택에 대해 세율을 적용할 때 해당 주택의 토지와 건물의 가액을 소유자별로 구분계산한 과세표준에 주택의 세율을 적용한다. (×) → **토지와 건물을 합산한 금액**에 세율 적용

54 지방자치단체의 장은 특별한 재정수요나 재해 등의 발생으로 재산세의 세율 조정이 불가피하다고 인정되는 경우 조례로 정하는 바에 따라 **표준세율의 100분의 50의 범위**에서 가감할 수 있다. 다만, 가감한 세율은 **해당 연도**에만 적용한다. ( )

54 지방자치단체의 장은 특별한 재정수요나 재해 등의 발생으로 재산세의 세율 조정이 불가피하다고 인정되는 경우 조례로 정하는 바에 따라 표준세율의 100분의 50의 범위에서 가감할 수 있다. 다만, 가감한 세율은 해당 연도에만 적용한다. (○)

55 토지의 재산세 납부세액이 10만원인 경우 조례에 따라 납기를 <u>7월 16일부터 7월 31일까지로</u> 하여 한꺼번에 부과·징수할 수 있다. ( )

55 토지의 재산세 납부세액이 10만원인 경우 조례에 따라 납기를 7월 16일부터 7월 31일까지로 하여 한꺼번에 부과·징수할 수 있다. (×) → 9월 16일부터 9월 30일까지

56 주택분 재산세로서 해당 연도에 부과할 세액이 <u>20만원 이하인</u> 경우에는 조례가 정하는 바에 따라 <u>납기를 9월 16일부터 9월 30일까지로</u> 하여 한꺼번에 부과·징수할 수 있다. ( )

56 주택분 재산세로서 해당 연도에 부과할 세액이 20만원 이하인 경우에는 조례가 정하는 바에 따라 납기를 9월 16일부터 9월 30일까지로 하여 한꺼번에 부과·징수할 수 있다. (×) → 7월 16일부터 7월 31일까지

57 재산세를 징수하고자 하는 때에는 토지, 건축물, 주택, 선박 및 항공기로 <u>구분한</u> 납세고지서에 과세표준액과 세액을 기재하여 늦어도 <u>납기개시 10일 전까지</u> 발부하여야 한다. ( )

57 재산세를 징수하고자 하는 때에는 토지, 건축물, 주택, 선박 및 항공기로 구분한 납세고지서에 과세표준액과 세액을 기재하여 늦어도 납기개시 10일 전까지 발부하여야 한다. (×) → 5일 전까지

58 토지에 대한 재산세의 산출세액이 대통령령으로 정하는 방법에 따라 계산한 직전 연도의 해당 재산에 대한 재산세액 상당액의 <u>100분의 150을 초과하는 경우</u>에는 <u>100분의 150</u>에 해당하는 금액을 해당 연도에 징수할 세액으로 한다. ( )

58 토지에 대한 재산세의 산출세액이 대통령령으로 정하는 방법에 따라 계산한 직전 연도의 해당 재산에 대한 재산세액 상당액의 100분의 150을 초과하는 경우에는 100분의 150에 해당하는 금액을 해당 연도에 징수할 세액으로 한다. (○)

59 지방자치단체의 장은 일정한 요건을 모두 충족하는 납세의무자가 제111조의2에 따른 1세대 1주택(<u>시가표준액이 9억원을 초과하는 주택을 포함</u>)의 재산세액의 <u>납부유예를 그 납부기한 만료 3일 전까지</u> 신청하는 경우 이를 허가할 수 있다. 이 경우 납부유예를 신청한 납세의무자는 그 유예할 주택 재산세에 상당하는 <u>담보를 제공</u>하여야 한다. ( )

59 지방자치단체의 장은 일정한 요건을 모두 충족하는 납세의무자가 제111조의2에 따른 1세대 1주택(시가표준액이 9억원을 초과하는 주택을 포함)의 재산세액의 납부유예를 그 납부기한 만료 3일 전까지 신청하는 경우 이를 허가할 수 있다. 이 경우 납부유예를 신청한 납세의무자는 그 유예할 주택 재산세에 상당하는 담보를 제공하여야 한다. (○)

60 지방자치단체의 장은 주택 재산세의 납부가 유예된 납세의무자가 <u>해당 주택을 타인에게 양도하거나 증여하는 경</u>우에는 그 납부유예 <u>허가를 취소</u>하여야 한다. ( )

60 지방자치단체의 장은 주택 재산세의 납부가 유예된 납세의무자가 해당 주택을 타인에게 양도하거나 증여하는 경우에는 그 납부유예 허가를 취소하여야 한다. (○)

61 지방자치단체의 장은 재산세 <u>납부세액이 1천만원을 초과</u>하는 경우 납세의무자의 신청을 받아 <u>관할구역에 관계없</u>이 해당 납세의무자의 부동산에 대하여 법령으로 정하는 바에 따라 <u>물납</u>을 허가할 수 있다. ( )

61 지방자치단체의 장은 재산세 납부세액이 1천만원을 초과하는 경우 납세의무자의 신청을 받아 관할구역에 관계없이 해당 납세의무자의 부동산에 대하여 법령으로 정하는 바에 따라 물납을 허가할 수 있다. (×) → **관할구역 부동산**

62 재산세를 물납하려는 자는 행정안전부령으로 정하는 서류를 갖추어 <u>그 납부기한 10일 전까지</u> 납세지를 관할하는 시장·군수·구청장에게 신청하여야 한다. ( )

62 재산세를 물납하려는 자는 행정안전부령으로 정하는 서류를 갖추어 그 납부기한 10일 전까지 납세지를 관할하는 시장·군수·구청장에게 신청하여야 한다. (○)

63 재산세를 물납하려는 자는 서류를 갖추어 **건축물분 재산**세는 7월 21일까지, **토지분 재산세는 9월 20일까지** 납세지를 관할하는 시장·군수·구청장에게 신청하여야 한다. ( )

63 재산세를 물납하려는 자는 서류를 갖추어 건축물분 재산세는 7월 21일까지, 토지분 재산세는 9월 20일까지 납세지를 관할하는 시장·군수·구청장에게 신청하여야 한다. (○)

64 재산세 **물납**을 허가하는 부동산의 가액은 <u>매년 12월 31일</u> 현재의 시가로 평가한다. ( )

65 지방자치단체의 장은 재산세의 납부세액이 250**만원을 초과**하는 경우에는 납부할 세액의 **일부**를 납부기한이 지난 날부터 <u>6개월 이내</u>에 **분할납부**하게 할 수 있다. ( )

66 **건축물**에 대한 재산세의 납부할 세액이 300만원인 경우에 <u>250만원</u>은 <u>7월 16일부터 7월 31일까지</u> 납부하고, <u>50만원</u>은 <u>8월 1일부터 10월 31일까지</u> **분할납부**할 수 있다. ( )

67 재산세의 납부할 세액이 500**만원을 초과**하는 경우에는 <u>그 세액의 100분의 50 이하의 금액</u>을 납부기한이 지난 날부터 3개월 이내에 **분할납부**하게 할 수 있다. ( )

68 **토지분** 재산세의 납부세액이 <u>600만원</u>인 경우, <u>300만원</u>은 <u>9월 16일부터 9월 30일까지</u> 납부하고 <u>300만원</u>은 <u>10월 1일부터 12월 31일까지</u> **분할납부**할 수 있다. ( )

69 **분할납부**하려는 자는 재산세의 **납부기한까지** 행정안전부령으로 정하는 신청서를 시장·군수·구청장에게 제출하여야 한다. ( )

70 재산세를 **분할납부**하려는 자는 서류를 갖추어 **건축물분 재산세**는 7월 31일까지, **토지분 재산세**는 9월 30일까지 납세지를 관할하는 시장·군수·구청장에게 신청하여야 한다. ( )

71 시장·군수·구청장은 분할납부신청을 받았을 때에는 <u>이미 고지한 납세고지서</u>를 <u>납부기한 내에 납부하여야 할 납세고지서</u>와 분할납부기간 내에 납부하여야 할 납세고지서로 구분하여 **수정고지**하여야 한다. ( )

64 재산세 물납을 허가하는 부동산의 가액은 매년 12월 31일 현재의 시가로 평가한다. (×) → **과세기준일 현재의 시가**

65 지방자치단체의 장은 재산세의 납부세액이 250만원을 초과하는 경우에는 납부할 세액의 일부를 납부기한이 지난 날부터 6개월 이내에 분할납부하게 할 수 있다. (×) → **3개월 이내**

66 건축물에 대한 재산세의 납부할 세액이 300만원인 경우에 250만원은 7월 16일부터 7월 31일까지 납부하고, 50만원은 8월 1일부터 10월 31일까지 분할납부할 수 있다. (○)

67 재산세의 납부할 세액이 500만원을 초과하는 경우에는 그 세액의 100분의 50 이하의 금액을 납부기한이 지난 날부터 3개월 이내에 분할납부하게 할 수 있다. (○)

68 토지분 재산세의 납부세액이 600만원인 경우, 300만원은 9월 16일부터 9월 30일까지 납부하고 300만원은 10월 1일부터 12월 31일까지 분할납부할 수 있다. (○)

69 분할납부하려는 자는 재산세의 납부기한까지 행정안전부령으로 정하는 신청서를 시장·군수·구청장에게 제출하여야 한다. (○)

70 재산세를 분할납부하려는 자는 서류를 갖추어 건축물분 재산세는 7월 31일까지, 토지분 재산세는 9월 30일까지 납세지를 관할하는 시장·군수·구청장에게 신청하여야 한다. (○)

71 시장·군수·구청장은 분할납부신청을 받았을 때에는 이미 고지한 납세고지서와 분할납부기간 내에 납부하여야 할 납세고지서로 구분하여 수정고지하여야 한다. (○)

종합부동산세

:: **출제예상지문 O·X**

01 **종합부동산세**는 **주택**에 대한 종합부동산세와 **토지**에 대한 종합부동산세의 세액을 합한 금액을 그 세액으로 한다. 여기서 **토지**에 대한 종합부동산세의 세액은 **토지분 종합합산세액**과 **토지분 별도합산세액**을 합한 금액으로 한다. ( )

02 재산세 과세대상 중 <u>분리과세대상 토지</u>는 **종합부동산세 과세대상이 아니다.** ( )

03 과세기준일 현재 토지분 재산세 납세의무자로서 「자연공원법」에 따라 지정된 <u>공원자연환경지구의 임야</u>를 소유하는 자는 토지에 대한 <u>종합부동산세를 납부할 의무가 있다.</u> ( )

04 거주자가 **여러 개의 주택**을 보유한 경우 재산세는 **주택별**로 각각 과세하나, **종합부동산세**는 **합산**하여 과세한다. ( )

05 과세기준일 현재 **주택분 재산세의 납세의무자**는 종합부동산세를 납부할 의무가 있다. ( )

:: **출제예상지문 O·X에 대한 정답 및 해설**

01 종합부동산세는 주택에 대한 종합부동산세와 토지에 대한 종합부동산세의 세액을 합한 금액을 그 세액으로 한다. 여기서 토지에 대한 종합부동산세의 세액은 토지분 종합합산세액과 토지분 별도합산세액을 합한 금액으로 한다. (○)

02 재산세 과세대상 중 분리과세대상 토지는 종합부동산세 과세대상이 아니다. (○)

03 과세기준일 현재 토지분 재산세 납세의무자로서 「자연공원법」에 따라 지정된 공원자연환경지구의 임야를 소유하는 자는 토지에 대한 종합부동산세를 납부할 의무가 있다. (×) → 없다.

04 거주자가 여러 개의 주택을 보유한 경우 재산세는 주택별로 각각 과세하나, 종합부동산세는 합산하여 과세한다. (○)

05 과세기준일 현재 주택분 재산세의 납세의무자는 종합부동산세를 납부할 의무가 있다. (○)

06 과세기준일 현재 토지분 재산세의 납세의무자로서 **종합합산과세대상**인 경우에는 국내에 소재하는 해당 과세대상토지의 공시가격을 **합한 금액이 5억원을 초과**하는 자는 해당 토지에 대한 종합부동산세를 납부할 의무가 있다. (　)

07 과세표준에 1천분의 27 또는 1천분의 50의 세율이 적용되는 **법인**의 해당 연도에 납부하여야 할 주택에 대한 총세액 상당액이 직전 연도에 주택에 대한 총세액 상당액의 100분의 150을 초과하는 경우에는 그 초과하는 세액에 대하여는 이를 없는 것으로 본다. (　)

08 거주자인 **개인 甲**은 국내에 **주택 2채(다가구주택 아님)**을 보유하고 있는 경우, 주택에 대한 종합부동산세는 甲이 보유한 **주택의 공시가격을 합산한 금액에서 9억원을 공제한 금액에 공정시장가액비율(100분의 60)**을 곱한 금액(영보다 작은 경우는 영)을 과세표준으로 하여 **누진세율**로 과세한다. (　)

09 납세의무자가 1**천분의 50**의 세율이 적용되는 **3주택 이상**을 소유한 **법인**의 경우 주택에 대한 종합부동산세의 과세표준은 납세의무자별로 **주택의 공시가격을 합산한 금액**에서 9억원을 공제한 금액에 100분의 60의 공정시장가액비율을 곱한 금액으로 한다. 다만, 그 금액이 영보다 작은 경우에는 영으로 본다. 다만, 그 금액이 영보다 작은 경우에는 영으로 본다. (　)

10 **과세표준 합산의 대상에 포함되지 않는 주택**을 보유한 납세의무자는 해당 연도 10월 16일부터 10월 31일까지 납세지 관할세무서장에게 해당 **주택의 보유현황을 신고**하여야 한다. (　)

11 **별도합산과세대상**인 토지에 대한 종합부동산세의 과세표준은 납세의무자별로 해당 과세대상토지의 **공시가격을 합산한 금액에서 80억원을 공제**한 금액에 100분의 70의 공정시장가액비율을 곱한 금액으로 한다. 다만, 그 금액이 영보다 작은 경우에는 영으로 본다. (　)

12 **단독소유 1세대 1주택자**인 **거주자**에 대하여 적용되는 연령별 공제율과 보유기간별 공제율은 중복하여 적용할 수 있다. 이 경우 **연령별 공제율과 보유기간별 공제율**은 공제율 합계 100분의 70의 범위에서 중복하여 적용할 수 있다. (　)

13 **단독소유 1세대 1주택자**인 **거주자**에게 **보유기간별 세액공제**를 적용할 때 소실·도괴·노후 등으로 인하여 멸실되어 **재건축 또는 재개발**하는 주택에 대하여는 **그 멸실된 주택을 취득한 날부터** 보유기간을 계산한다. (　)

14 **단독소유 1세대 1주택자**인 **거주자**에게 보유기간별 세액공제를 적용할 때 배우자로부터 **상속받은** 주택에 대하여는 **피상속인**이 해당 주택을 취득한 날부터 보유기간을 계산한다. (　)

15 과세기준일 현재 세대원 중 1인과 그 배우자만이 **공동으로 1주택을 소유**하고 해당 세대원 및 다른 세대원이 다른 주택을 소유하지 아니한 경우 **신청하지 않더라도 공동명의 1주택자를 해당 1주택에 대한 납세의무자**로 한다. (　)

---

06 과세기준일 현재 토지분 재산세의 납세의무자로서 종합합산과세대상인 경우에는 국내에 소재하는 해당 과세대상토지의 공시가격을 합한 금액이 5억원을 초과하는 자는 해당 토지에 대한 종합부동산세를 납부할 의무가 있다. (○)

07 과세표준에 1천분의 27 또는 1천분의 50의 세율이 적용되는 법인의 해당 연도에 납부하여야 할 주택에 대한 총세액 상당액이 직전 연도에 주택에 대한 총세액 상당액의 100분의 150을 초과하는 경우에는 그 초과하는 세액에 대하여는 이를 없는 것으로 본다. (○)

08 거주자인 개인 甲은 국내에 주택 2채(다가구주택 아님)을 보유하고 있는 경우, 주택에 대한 종합부동산세는 甲이 보유한 주택의 공시가격을 합산한 금액에서 9억원을 공제한 금액에 공정시장가액비율(100분의 60)을 곱한 금액(영보다 작은 경우는 영)을 과세표준으로 하여 누진세율로 과세한다. (○)

09 납세의무자가 1천분의 50의 세율이 적용되는 3주택 이상을 소유한 법인의 경우 주택에 대한 종합부동산세의 과세표준은 납세의무자별로 주택의 공시가격을 합산한 금액에서 9억원을 공제한 금액에 100분의 60의 공정시장가액비율을 곱한 금액으로 한다. 다만, 그 금액이 영보다 작은 경우에는 영으로 본다. (✕) → **9억원을 공제하지 아니한다.**

10 과세표준 합산의 대상에 포함되지 않는 주택을 보유한 납세의무자는 해당 연도 10월 16일부터 10월 31일까지 납세지 관할세무서장에게 해당 주택의 보유현황을 신고하여야 한다. (✕) → **해당 연도 9월 16일부터 9월 30일까지**

11 별도합산과세대상인 토지에 대한 종합부동산세의 과세표준은 납세의무자별로 해당 과세대상토지의 공시가격을 합산한 금액에서 80억원을 공제한 금액에 100분의 70의 공정시장가액비율을 곱한 금액으로 한다. 다만, 그 금액이 영보다 작은 경우에는 영으로 본다. (✕) → **100분의 100**

12 단독소유 1세대 1주택자인 거주자에 대하여 적용되는 연령별 공제율과 보유기간별 공제율은 중복하여 적용할 수 있다. 이 경우 연령별 공제율과 보유기간별 공제율은 공제율 합계 100분의 70의 범위에서 중복하여 적용할 수 있다. (✕) → **100분의 80**

13 단독소유 1세대 1주택자인 거주자에게 보유기간별 세액공제를 적용할 때 소실·도괴·노후 등으로 인하여 멸실되어 재건축 또는 재개발하는 주택에 대하여는 그 멸실된 주택을 취득한 날부터 보유기간을 계산한다. (○)

14 단독소유 1세대 1주택자인 거주자에게 보유기간별 세액공제를 적용할 때 배우자로부터 상속받은 주택에 대하여는 피상속인이 해당 주택을 취득한 날부터 보유기간을 계산한다. (○)

15 과세기준일 현재 세대원 중 1인과 그 배우자만이 공동으로 1주택을 소유하고 해당 세대원 및 다른 세대원이 다른 주택을 소유하지 아니한 경우 신청하지 않더라도 공동명의 1주택자를 해당 1주택에 대한 납세의무자로 한다. (✕) → **신청**

16 1세대가 일반 주택과 합산배제 신고한 임대주택을 각각 1채씩 소유한 경우 해당 일반 주택에 그 주택소유자가 실제 거주하지 않더라도 1세대 1주택자에 해당한다. ( )

16 1세대가 일반 주택과 합산배제 신고한 임대주택을 각각 1채씩 소유한 경우 해당 일반 주택에 그 주택소유자가 실제 거주하지 않더라도 1세대 1주택자에 해당한다. (×) → 실제 거주

17 주택분 종합부동산세액을 계산할 때 1주택을 여러 사람이 공동으로 매수하여 소유한 경우 지분이 가장 큰 자가 그 주택을 소유한 것으로 본다. ( )

17 주택분 종합부동산세액을 계산할 때 1주택을 여러 사람이 공동으로 매수하여 소유한 경우 지분이 가장 큰 자가 그 주택을 소유한 것으로 본다. (○)

18 주택분 종합부동산세액에서 공제되는 재산세액은 재산세 표준세율의 100분의 50의 범위에서 가감된 세율이 적용된 경우에는 그 세율이 적용되기 전의 세액으로 하고, 재산세 세부담 상한을 적용받은 경우에는 그 상한을 적용받기 전의 세액으로 한다. ( )

18 주택분 종합부동산세액에서 공제되는 재산세액은 재산세 표준세율의 100분의 50의 범위에서 가감된 세율이 적용된 경우에는 그 세율이 적용되기 전의 세액으로 하고, 재산세 세부담 상한을 적용받은 경우에는 그 상한을 적용받기 전의 세액으로 한다. (×) → 그 세율이 적용된 세액, 그 상한을 적용받은 세액

19 주택에 대한 세부담 상한의 기준이 되는 직전 연도에 해당 주택에 부과된 주택에 대한 총세액상당액은 납세의무자가 해당 연도의 과세표준합산주택을 직전 연도 과세기준일에 실제로 소유하였는지의 여부를 불문하고 직전 연도 과세기준일 현재 소유한 것으로 보아 계산한다. ( )

19 주택에 대한 세부담 상한의 기준이 되는 직전 연도에 해당 주택에 부과된 주택에 대한 총세액상당액은 납세의무자가 해당 연도의 과세표준합산주택을 직전 연도 과세기준일에 실제로 소유하였는지의 여부를 불문하고 직전 연도 과세기준일 현재 소유한 것으로 보아 계산한다. (○)

20 관할세무서장은 종합부동산세를 징수하려면 납부고지서에 주택 및 토지를 합산한 과세표준과 세액을 기재하여 납부기간 개시 5일 전까지 발급하여야 한다. ( )

20 관할세무서장은 종합부동산세를 징수하려면 납부고지서에 주택 및 토지를 합산한 과세표준과 세액을 기재하여 납부기간 개시 5일 전까지 발급하여야 한다. (×) → 구분한

21 종합부동산세를 신고납부방식으로 납부하고자 하는 납세의무자는 종합부동산세의 과세표준과 세액을 해당 연도 12월 1일부터 12월 15일까지 관할세무서장에게 신고하여야 한다. 이 경우 관할세무서장의 결정은 없었던 것으로 본다. ( )

21 종합부동산세를 신고납부방식으로 납부하고자 하는 납세의무자는 종합부동산세의 과세표준과 세액을 해당 연도 12월 1일부터 12월 15일까지 관할세무서장에게 신고하여야 한다. 이 경우 관할세무서장의 결정은 없었던 것으로 본다. (○)

22 거주자에 대한 종합부동산세의 납세지는 해당 과세대상 주택 또는 토지의 소재지를 관할하는 세무서이다. ( )

22 거주자에 대한 종합부동산세의 납세지는 해당 과세대상 주택 또는 토지의 소재지를 관할하는 세무서이다. (×) → 주소지(주소지가 없는 경우에는 거소지)

23 종합부동산세의 납세의무자가 비거주자인 개인 또는 외국법인으로서 국내사업장이 없고 국내원천소득이 발생하지 아니하는 주택 및 토지를 소유한 경우에는 그 주택 또는 토지의 소재지(주택 또는 토지가 둘 이상인 경우에는 공시가격이 가장 높은 주택 또는 토지의 소재지를 말함)를 납세지로 정한다. ( )

23 종합부동산세의 납세의무자가 비거주자인 개인 또는 외국법인으로서 국내사업장이 없고 국내원천소득이 발생하지 아니하는 주택 및 토지를 소유한 경우에는 그 주택 또는 토지의 소재지(주택 또는 토지가 둘 이상인 경우에는 공시가격이 가장 높은 주택 또는 토지의 소재지를 말함)를 납세지로 정한다. (○)

24 종합부동산세는 무신고가산세를 부과한다. ( )

24 종합부동산세는 무신고가산세를 부과한다. (×) → 무신고가산세는 부과하지 아니한다.

25 종합부동산세의 납세의무자는 선택에 따라 신고·납부할 수 있으나, 신고를 함에 있어 납부세액을 과소하게 신고한 경우라도 과소신고가산세가 적용되지 않는다. ( )

25 종합부동산세의 납세의무자는 선택에 따라 신고·납부할 수 있으나, 신고를 함에 있어 납부세액을 과소하게 신고한 경우라도 과소신고가산세가 적용되지 않는다. (×) → 과소신고가산세가 적용된다.

26 관할세무서장은 종합부동산세로 납부하여야 할 세액이 250만원을 초과하는 경우에는 그 세액의 일부를 납부기한이 지난 날부터 6개월 이내에 분납하게 할 수 있다. ( )

26 관할세무서장은 종합부동산세로 납부하여야 할 세액이 250만원을 초과하는 경우에는 그 세액의 일부를 납부기한이 지난 날부터 6개월 이내에 분납하게 할 수 있다. (○)

27 납부하여야 할 세액이 250만원 초과 5백만원 이하인 때에는 해당 세액에서 250만원을 차감한 금액을 분납할 수 있다. ( )

27 납부하여야 할 세액이 250만원 초과 5백만원 이하인 때에는 해당 세액에서 250만원을 차감한 금액을 분납할 수 있다. (○)

28 관할세무서장은 종합부동산세로 납부하여야 할 세액이 600만원인 경우 <u>최대 100만원</u>의 세액을 납부기한이 지난 날부터 <u>2개월 이내</u>에 분납하게 할 수 있다. (   )

29 관할세무서장은 일정한 요건을 모두 충족하는 납세의무자가 <u>주택분 종합부동산세액</u>의 <u>납부유예</u>를 그 납부기한 만료 3일 전까지 신청하는 경우 이를 허가할 수 있다. 이 경우 납부유예를 신청한 납세의무자는 그 유예할 주택분 종합부동산세액에 상당하는 <u>담보를 제공</u>하여야 한다. (   )

28 관할세무서장은 종합부동산세로 납부하여야 할 세액이 600만원인 경우 최대 100만원의 세액을 납부기한이 지난 날부터 2개월 이내에 분납하게 할 수 있다. (✕) → 최대 300만원

29 관할세무서장은 일정한 요건을 모두 충족하는 납세의무자가 주택분 종합부동산세액의 납부유예를 그 납부기한 만료 3일 전까지 신청하는 경우 이를 허가할 수 있다. 이 경우 납부유예를 신청한 납세의무자는 그 유예할 주택분 종합부동산세액에 상당하는 담보를 제공하여야 한다. (○)

소득세

∷ 출제예상지문 O · X

01 국내에 거소를 둔 기간이 <u>2과세기간</u>에 걸쳐 183일 이상인 경우에는 국내에 183일 이상 거소를 둔 것으로 본다. (   )

02 법인으로 보는 단체 외의 법인 아닌 단체는 국내에 주사무소 또는 사업의 실질적 관리장소를 둔 경우에는 1거주자로, 그 밖의 경우에는 1비거주자로 보아 「소득세법」을 적용한다. (   )

03 비거주자가 국외 토지를 양도한 경우 양도소득세 <u>납부의무가 있다.</u> (   )

04 공동으로 소유한 자산에 대한 양도소득금액을 계산하는 경우에는 해당 자산을 공동으로 소유하는 <u>각 거주자가 납세의무</u>를 진다. (   )

05 소득세의 과세기간은 1월 1일부터 12월 31일까지 1년으로 한다. 다만, 사업자가 연도 중 사업을 <u>폐업</u>한 경우에 과세기간은 <u>1월 1일부터 폐업한 날까지</u>로 한다. (   )

06 지역권은 <u>양도소득의 과세대상자산이다.</u> (   )

07 국내 소재 <u>등기되지 않은 부동산임차권</u>의 양도는 <u>양도소득세 과세대상이다.</u> (   )

08 사업에 사용하는 토지 또는 건물 및 부동산에 관한 권리와 함께 양도하는 <u>영업권(영업권을 별도로 평가하지 아니하였으나 사회통념상 자산에 포함되어 함께 양도된 것으로 인정되는 영업권과 행정관청으로부터 인가·허가·면허 등을 받음으로써 얻는 경제적 이익을 포함)</u>은 양도소득의 과세대상자산이다. (   )

09 해당 이축권 가액을 대통령령으로 정하는 방법에 따라 별도로 평가하여 신고하는 경우는 <u>양도소득의 과세대상자산이다.</u> (   )

10 이용권·회원권, 그 밖에 그 명칭과 관계없이 시설물을 배타적으로 이용하거나 일반이용자보다 유리한 조건으로 이용할 수 있도록 약정한 단체의 구성원이 된 자에게 부여되는 <u>시설물 이용권(법인의 주식등을 소유하는 것만으로 시설물을 배타적으로 이용하거나 일반이용자보다 유리한 조건으로 시설물 이용권을 부여받게 되는 경우 그 주식등을 포함)</u>은 양도소득의 과세대상자산이다. (   )

∷ 출제예상지문 O · X에 대한 정답 및 해설

01 국내에 거소를 둔 기간이 2과세기간에 걸쳐 183일 이상인 경우에는 국내에 183일 이상 거소를 둔 것으로 본다. (✕) → 1과세기간

02 법인으로 보는 단체 외의 법인 아닌 단체는 국내에 주사무소 또는 사업의 실질적 관리장소를 둔 경우에는 1거주자로, 그 밖의 경우에는 1비거주자로 보아 「소득세법」을 적용한다. (○)

03 비거주자가 국외 토지를 양도한 경우 양도소득세 납부의무가 있다. (✕) → 납부의무가 없다.

04 공동으로 소유한 자산에 대한 양도소득금액을 계산하는 경우에는 해당 자산을 공동으로 소유하는 각 거주자가 납세의무를 진다. (○)

05 소득세의 과세기간은 1월 1일부터 12월 31일까지 1년으로 한다. 다만, 사업자가 연도 중 사업을 폐업한 경우에 과세기간은 1월 1일부터 폐업한 날까지로 한다. (✕) → 폐업한 경우에도 과세기간은 1월 1일부터 12월 31일까지

06 지역권은 양도소득의 과세대상자산이다. (✕) → 아니다.

07 국내 소재 등기되지 않은 부동산임차권의 양도는 양도소득세 과세대상이다. (✕) → 양도소득세 과세대상이 아니다.

08 사업에 사용하는 토지 또는 건물 및 부동산에 관한 권리와 함께 양도하는 영업권(영업권을 별도로 평가하지 아니하였으나 사회통념상 자산에 포함되어 함께 양도된 것으로 인정되는 영업권과 행정관청으로부터 인가·허가·면허 등을 받음으로써 얻는 경제적 이익을 포함)은 양도소득의 과세대상자산이다. (○)

09 해당 이축권 가액을 대통령령으로 정하는 방법에 따라 별도로 평가하여 신고하는 경우는 양도소득의 과세대상자산이다. (✕) → 양도소득의 과세대상자산이 아니다.

10 이용권·회원권, 그 밖에 그 명칭과 관계없이 시설물을 배타적으로 이용하거나 일반이용자보다 유리한 조건으로 이용할 수 있도록 약정한 단체의 구성원이 된 자에게 부여되는 시설물 이용권(법인의 주식등을 소유하는 것만으로 시설물을 배타적으로 이용하거나 일반이용자보다 유리한 조건으로 시설물 이용권을 부여받게 되는 경우 그 주식등을 포함)은 양도소득의 과세대상자산이다. (○)

11 주거용 건물건설업자가 당초부터 판매할 목적으로 신축한 다가구주택을 양도한 경우 양도소득세 과세대상이다. ( )

12 무상이전에 따라 자산의 소유권이 변경된 경우에는 양도소득세 과세대상이다. ( )

13 공동사업을 경영할 것을 약정하는 계약에 따라 「소득세법」 제94조 제1항의 자산을 해당 공동사업체에 현물출자하는 경우에는 양도에 해당한다. ( )

14 손해배상에 있어서 당사자간의 합의에 의하거나 법원의 확정판결에 의하여 일정액의 위자료를 지급하기로 하고, 동 위자료 지급에 갈음하여 당사자 일방이 소유하고 있던 부동산으로 대물변제한 경우에는 양도에 해당한다. ( )

15 이혼으로 인하여 혼인 중에 형성된 부부공동재산을 「민법」 제839조의2에 따라 재산분할하는 경우에는 양도에 해당한다. ( )

16 부담부증여시 그 증여가액 중 채무액에 해당하는 부분을 제외한 부분은 양도에 해당한다. ( )

17 배우자 간 또는 직계존비속 간의 부담부증여(「상속세 및 증여세법」 제44조에 따라 증여로 추정되는 경우를 포함)로서 수증자에게 인수되지 아니한 것으로 추정되는 채무액은 양도로 보지 아니한다. ( )

18 「소득세법 시행령」 제151조 제1항에 따른 양도담보계약을 체결한 후 채무불이행으로 인하여 당해 자산을 변제에 충당한 경우에는 양도에 해당한다. ( )

19 위탁자와 수탁자 간 신임관계에 기하여 위탁자의 자산에 신탁이 설정되고 그 신탁재산의 소유권이 수탁자에게 이전된 경우로서 위탁자가 신탁 설정을 해지하거나 신탁의 수익자를 변경할 수 있는 등 신탁재산을 실질적으로 지배하고 소유하는 것으로 볼 수 있는 경우에는 양도로 보지 아니한다. ( )

20 토지의 경계를 변경하기 위하여 「공간정보의 구축 및 관리 등에 관한 법률」 제79조에 따른 토지의 분할 등 대통령령으로 정하는 방법과 절차로 하는 토지 교환의 경우에는 양도로 보지 아니한다. ( )

21 매매원인 무효의 소에 의하여 그 매매사실이 원인무효로 판시되어 환원될 경우에는 양도로 보지 아니한다. ( )

22 소유자산을 경매·공매로 인하여 자기가 재취득하는 경우에는 양도로 보지 아니한다. ( )

23 「지적재조사에 관한 특별법」 제18조에 따른 경계의 확정으로 지적공부상의 면적이 감소되어 같은 법 제20조에 따라 지급받는 조정금에 대해서는 양도소득세를 과세한다. ( )

24 비거주자에 대하여는 주거생활 안정 목적에서 운영되는 1세대 1주택의 비과세 및 1세대 1주택 장기보유특별공제는 적용되지 아니한다. ( )

---

11 주거용 건물건설업자가 당초부터 판매할 목적으로 신축한 다가구주택을 양도한 경우 양도소득세 과세대상이다. (×) → 양도소득세 과세대상이 아니다.

12 무상이전에 따라 자산의 소유권이 변경된 경우에는 양도소득세 과세대상이다. (×) → 과세대상이 아니다.

13 공동사업을 경영할 것을 약정하는 계약에 따라 「소득세법」 제94조 제1항의 자산을 해당 공동사업체에 현물출자하는 경우에는 양도에 해당한다. (○)

14 손해배상에 있어서 당사자간의 합의에 의하거나 법원의 확정판결에 의하여 일정액의 위자료를 지급하기로 하고, 동 위자료 지급에 갈음하여 당사자 일방이 소유하고 있던 부동산으로 대물변제한 경우에는 양도에 해당한다. (○)

15 이혼으로 인하여 혼인 중에 형성된 부부공동재산을 「민법」 제839조의2에 따라 재산분할하는 경우에는 양도에 해당한다. (×) → 양도에 해당하지 아니한다.

16 부담부증여시 그 증여가액 중 채무액에 해당하는 부분을 제외한 부분은 양도에 해당한다. (×) → 양도에 해당하지 아니한다.

17 배우자 간 또는 직계존비속 간의 부담부증여(「상속세 및 증여세법」 제44조에 따라 증여로 추정되는 경우를 포함)로서 수증자에게 인수되지 아니한 것으로 추정되는 채무액은 양도로 보지 아니한다. (○)

18 「소득세법 시행령」 제151조 제1항에 따른 양도담보계약을 체결한 후 채무불이행으로 인하여 당해 자산을 변제에 충당한 경우에는 양도에 해당한다. (○)

19 위탁자와 수탁자 간 신임관계에 기하여 위탁자의 자산에 신탁이 설정되고 그 신탁재산의 소유권이 수탁자에게 이전된 경우로서 위탁자가 신탁 설정을 해지하거나 신탁의 수익자를 변경할 수 있는 등 신탁재산을 실질적으로 지배하고 소유하는 것으로 볼 수 있는 경우에는 양도로 보지 아니한다. (○)

20 토지의 경계를 변경하기 위하여 「공간정보의 구축 및 관리 등에 관한 법률」 제79조에 따른 토지의 분할 등 대통령령으로 정하는 방법과 절차로 하는 토지 교환의 경우에는 양도로 보지 아니한다. (○)

21 매매원인 무효의 소에 의하여 그 매매사실이 원인무효로 판시되어 환원될 경우에는 양도로 보지 아니한다. (○)

22 소유자산을 경매·공매로 인하여 자기가 재취득하는 경우에는 양도로 보지 아니한다. (○)

23 「지적재조사에 관한 특별법」 제18조에 따른 경계의 확정으로 지적공부상의 면적이 감소되어 같은 법 제20조에 따라 지급받는 조정금에 대해서는 양도소득세를 과세한다. (×) → 양도소득세를 과세하지 아니한다.

24 비거주자에 대하여는 주거생활 안정 목적에서 운영되는 1세대 1주택의 비과세 및 1세대 1주택 장기보유특별공제는 적용되지 아니한다. (○)

25 1세대 1주택 비과세 규정을 적용하는 경우 **부부가 각각 세대를 달리 구성하는 경우**에도 동일한 세대로 본다. ( )

26 1세대 1주택의 비과세요건을 갖춘 **대지와 건물을 동일한 세대의 구성원이 각각 소유하고 있는 경우**에도 이를 1세대 1주택으로 본다. ( )

27 소유하고 있던 **공부상 주택**인 1세대 1주택을 거주용이 아닌 **영업용 건물로 사용하다가 양도**하는 때에는 1세대 1주택으로 보지 아니한다. ( )

28 도시지역 밖에 있는 주택에 부수되는 토지면적은 주택정착면적의 10배를 초과하지 아니하는 것으로 주택일부의 무허가 정착면적은 제외하고 계산한다. ( )

29 1세대 1주택에 대한 비과세 규정을 적용함에 있어 하나의 건물이 주택과 주택 외의 부분으로 복합되어 있는 **고가주택인 겸용주택**의 경우, 주택의 연면적이 주택 외의 연면적보다 클 때에는 **그 전부를 주택**으로 본다. ( )

30 「건축법 시행령」 별표 1 제1호 다목에 해당하는 **다가구주택**은 해당 다가구주택을 구획된 부분별로 분양하지 아니하고 **하나의 매매단위로 하여 양도**하는 경우 **그 구획된 부분을 각각 하나의 주택**으로 본다. ( )

31 **1주택을 여러 사람이 공동으로 소유한 경우** 특별한 규정이 있는 것 외에는 주택 수를 계산할 때 **공동 소유자 각자**가 그 주택을 소유한 것으로 본다. ( )

32 1세대 1주택 비과세규정을 적용함에 있어서 **2개 이상의 주택을 같은 날에 양도하는 경우**에는 해당 거주자가 선택하는 순서에 따라 주택을 양도한 것으로 본다. ( )

33 질병의 요양으로 취득한 **수도권 밖에 소재하는 주택**과 일반주택을 국내에 각각 1개씩 소유하고 있는 1세대가 **부득이한 사유가 해소된 날부터 5년 이내**에 일반주택을 양도하는 경우에는 국내에 1개의 주택을 소유하고 있는 것으로 보아 비과세규정을 적용한다. ( )

34 1주택을 보유하는 자가 1주택을 보유하는 자와 **혼인함**으로써 1세대가 2주택을 보유하게 된 경우 그 혼인한 날로부터 **10년 이내**에 먼저 양도하는 이를 1세대 1주택으로 보아 비과세여부를 적용한다. ( )

35 비거주자가 해당 주택을 **3년 이상** 계속 보유하고 그 주택에서 거주한 상태로 **거주자로 전환**된 경우에는 해당 주택에 대한 거주기간 및 보유기간은 **통산한다**. ( )

36 거주하거나 보유하는 중에 소실·무너짐·노후 등으로 인하여 멸실되어 **재건축한 주택**인 경우에는 그 멸실된 주택과 재건축한 주택에 대한 거주기간 및 보유기간을 **통산한다**. ( )

37 상속받은 주택으로서 상속인과 피상속인이 **상속개시 당시 동일세대**인 경우에는 상속개시 전에 상속인과 피상속인이 **동일세대로서 거주하고 보유한 기간은 통산한다.** ( )

---

25 1세대 1주택 비과세 규정을 적용하는 경우 부부가 각각 세대를 달리 구성하는 경우에도 동일한 세대로 본다. (○)

26 1세대 1주택의 비과세요건을 갖춘 대지와 건물을 동일한 세대의 구성원이 각각 소유하고 있는 경우에도 이를 1세대 1주택으로 본다. (○)

27 소유하고 있던 공부상 주택인 1세대 1주택을 거주용이 아닌 영업용 건물로 사용하다가 양도하는 때에는 1세대 1주택으로 보지 아니한다. (○)

28 도시지역 밖에 있는 주택에 부수되는 토지면적은 주택정착면적의 10배를 초과하지 아니하는 것으로 주택일부의 무허가 정착면적은 제외하고 계산한다. (×) → **무허가 정착면적 포함**

29 1세대 1주택에 대한 비과세 규정을 적용함에 있어 하나의 건물이 주택과 주택 외의 부분으로 복합되어 있는 고가주택인 겸용주택의 경우, 주택의 연면적이 주택 외의 연면적보다 클 때에는 그 전부를 주택으로 본다. (×) → **주택 부분만 주택**

30 「건축법 시행령」 별표 1 제1호 다목에 해당하는 다가구주택은 해당 다가구주택을 구획된 부분별로 분양하지 아니하고 하나의 매매단위로 하여 양도하는 경우 그 구획된 부분을 각각 하나의 주택으로 본다. (○)

31 1주택을 여러 사람이 공동으로 소유한 경우 특별한 규정이 있는 것 외에는 주택 수를 계산할 때 공동 소유자 각자가 그 주택을 소유한 것으로 본다. (○)

32 1세대 1주택 비과세규정을 적용함에 있어서 2개 이상의 주택을 같은 날에 양도하는 경우에는 해당 거주자가 선택하는 순서에 따라 주택을 양도한 것으로 본다. (○)

33 질병의 요양으로 취득한 수도권 밖에 소재하는 주택과 일반주택을 국내에 각각 1개씩 소유하고 있는 1세대가 부득이한 사유가 해소된 날부터 5년 이내에 일반주택을 양도하는 경우에는 국내에 1개의 주택을 소유하고 있는 것으로 보아 비과세규정을 적용한다. (×) → **3년 이내**

34 1주택을 보유하는 자가 1주택을 보유하는 자와 혼인함으로써 1세대가 2주택을 보유하게 된 경우 그 혼인한 날로부터 10년 이내에 먼저 양도하는 이를 1세대 1주택으로 보아 비과세여부를 적용한다. (×) → **5년 이내**

35 비거주자가 해당 주택을 3년 이상 계속 보유하고 그 주택에서 거주한 상태로 거주자로 전환된 경우에는 해당 주택에 대한 거주기간 및 보유기간은 통산한다. (○)

36 거주하거나 보유하는 중에 소실·무너짐·노후 등으로 인하여 멸실되어 재건축한 주택인 경우에는 그 멸실된 주택과 재건축한 주택에 대한 거주기간 및 보유기간을 통산한다. (○)

37 상속받은 주택으로서 상속인과 피상속인이 상속개시 당시 동일세대인 경우에는 상속개시 전에 상속인과 피상속인이 동일세대로서 거주하고 보유한 기간은 통산한다. (○)

38 국내에 법령에 따른 <u>건설임대주택</u> 1채를 보유하고 있는 1세대가 해당 건설임대주택의 <u>임차일부터 해당 주택의 양도일까지의 기간</u> 중 세대전원이 <u>거주한 기간이 3년 이상인 경우</u>에는 <u>그 보유기간 및 거주기간의 제한을 받지 아니한다.</u> ( )

39 1세대가 양도일 현재 국내에 1주택을 보유하고 있는 경우로서 사업인정 고시일 전에 취득한 주택 및 그 부수토지의 전부 또는 일부가 법률에 의하여 수용되는 경우에는 그 보유기간 및 거주기간의 제한을 받지 아니한다. ( )

40 출국일 현재 1주택을 보유하고 있는 1세대가 1년 이상 계속하여 국외거주를 필요로 하는 취학 또는 근무상의 형편으로 세대전원이 출국하는 경우로서 <u>출국일부터 3년 이내</u>에 해당 주택을 양도하는 경우에는 <u>그 보유기간 및 거주기간의 제한을 받지 아니한다.</u> ( )

41 1세대가 양도일 현재 국내에 1주택을 보유하고 있는 경우로서 <u>1년 이상 거주</u>한 주택을 기획재정부령으로 정하는 취학, 근무상의 형편, 질병의 요양, 그 밖에 부득이한 사유로 다른 시·군으로 주거를 이전하면서 양도하는 경우에는 그 보유기간 및 거주기간의 제한을 받지 아니한다. ( )

42 「국토의 계획 및 이용에 관한 법률」에 따른 <u>주거지역·상업지역·공업지역</u> 외에 있는 농지(환지예정지 아님)를 경작상 필요에 의하여 교환함으로써 발생한 소득은 <u>쌍방</u> 토지가액의 차액이 <u>가액이 큰 편의 3분의 1 이하</u>이고 새로이 취득한 농지를 3년 이상 농지소재지에 거주하면서 경작하는 경우 비과세한다. ( )

43 <u>경작상 필요에 의하여 교환하는 농지가 새로운 농지의 취득 후 3년 이내에 협의매수·수용 및 그 밖의 법률에 의하여 수용되는 경우에는 3년 이상 농지 소재지에 거주하면서 경작한 것으로 보며, 새로운 농지의 취득 후 3년 이내에 농지 소유자가 사망한 경우로서 상속인이 농지 소재지에 거주하면서 계속 경작한 때에는 피상속인의 경작기간과 상속인의 경작기간을 통산한다.</u> ( )

44 해당 농지에 대하여 환지처분 이전에 농지 외의 토지로 <u>환지예정지의 지정이 있는 경우로서 그 환지예정지 지정일부터 3년이</u> 지난 농지는 비과세를 적용하지 아니한다. ( )

45 「소득세법」상 미등기양도자산(<u>미등기양도제외자산</u> 아님)에 대해서는 <u>필요경비개산공제를 적용하지 아니한다.</u> ( )

46 「소득세법」상 미등기양도자산(<u>미등기양도제외자산</u> 아님)에 대해서는 <u>장기보유특별공제와 양도소득기본공제를 적용하지 아니한다.</u> ( )

47 비과세요건을 충족한 <u>1세대 1주택</u>으로서 「건축법」에 의한 건축허가를 받지 아니하여 <u>등기가 불가능한 미등기주택</u>은 양도소득세 비과세가 배제되는 미등기양도자산에 해당하지 않는다. ( )

48 건설업자가 「<u>도시개발법</u>」에 따라 공사용역 대가로 취득한 체비지를 토지구획환지처분공고 전에 양도하는 토지는 미등기양도자산에 해당하지 않는다. ( )

38 국내에 법령에 따른 건설임대주택 1채를 보유하고 있는 1세대가 해당 건설임대주택의 임차일부터 해당 주택의 양도일까지의 기간 중 세대전원이 거주한 기간이 3년 이상인 경우에는 그 보유기간 및 거주기간의 제한을 받지 아니한다. (×) → <u>거주한 기간이 5년 이상</u>

39 1세대가 양도일 현재 국내에 1주택을 보유하고 있는 경우로서 사업인정 고시일 전에 취득한 주택 및 그 부수토지의 전부 또는 일부가 법률에 의하여 수용되는 경우에는 그 보유기간 및 거주기간의 제한을 받지 아니한다. (○)

40 출국일 현재 1주택을 보유하고 있는 1세대가 1년 이상 계속하여 국외거주를 필요로 하는 취학 또는 근무상의 형편으로 세대전원이 출국하는 경우로서 출국일부터 3년 이내에 해당 주택을 양도하는 경우에는 그 보유기간 및 거주기간의 제한을 받지 아니한다. (×) → <u>출국일부터 2년 이내</u>

41 1세대가 양도일 현재 국내에 1주택을 보유하고 있는 경우로서 1년 이상 거주한 주택을 기획재정부령으로 정하는 취학, 근무상의 형편, 질병의 요양, 그 밖에 부득이한 사유로 다른 시·군으로 주거를 이전하면서 양도하는 경우에는 그 보유기간 및 거주기간의 제한을 받지 아니한다. (○)

42 「국토의 계획 및 이용에 관한 법률」에 따른 주거지역·상업지역·공업지역 외에 있는 농지(환지예정지 아님)를 경작상 필요에 의하여 교환함으로써 발생한 소득은 쌍방 토지가액의 차액이 가액이 큰 편의 3분의 1 이하이고 새로이 취득한 농지를 3년 이상 농지소재지에 거주하면서 경작하는 경우 비과세한다. (×) → <u>4분의 1 이하</u>

43 경작상 필요에 의하여 교환하는 농지가 새로운 농지의 취득 후 3년 이내에 협의매수·수용 및 그 밖의 법률에 의하여 수용되는 경우에는 3년 이상 농지 소재지에 거주하면서 경작한 것으로 보며, 새로운 농지의 취득 후 3년 이내에 농지 소유자가 사망한 경우로서 상속인이 농지 소재지에 거주하면서 계속 경작한 때에는 피상속인의 경작기간과 상속인의 경작기간을 통산한다. (○)

44 해당 농지에 대하여 환지처분 이전에 농지 외의 토지로 환지예정지의 지정이 있는 경우로서 그 환지예정지 지정일부터 3년이 지난 농지는 비과세를 적용하지 아니한다. (○)

45 「소득세법」상 미등기양도자산(미등기양도제외자산 아님)에 대해서는 필요경비개산공제를 적용하지 아니한다. (×) → <u>필요경비개산공제를 적용한다.</u>

46 「소득세법」상 미등기양도자산(미등기양도제외자산 아님)에 대해서는 장기보유특별공제와 양도소득기본공제를 적용하지 아니한다. (○)

47 비과세요건을 충족한 1세대 1주택으로서 「건축법」에 의한 건축허가를 받지 아니하여 등기가 불가능한 미등기주택은 양도소득세 비과세가 배제되는 미등기양도자산에 해당하지 않는다. (○)

48 건설업자가 「도시개발법」에 따라 공사용역 대가로 취득한 체비지를 토지구획환지처분공고 전에 양도하는 토지는 미등기양도자산에 해당하지 않는다. (○)

49 매매계약서의 거래가액을 실지거래가액과 다르게 적은 경우에는 비과세 또는 감면받았거나 받을 세액에서 비과세의 경우 양도소득 산출세액 또는 감면의 경우 감면세액과 매매계약서의 거래가액과 실지거래가액과의 차액 중 적은 금액을 뺀다. ( )

50 부동산의 양도에 대한 양도소득세 및 양도소득세의 부가세액을 양수자가 부담하기로 약정한 경우, 양도시기인 대금을 청산한 날의 판정시 해당 양도소득세 및 양도소득세의 부가세액을 포함한다. ( )

51 「민법」제245조 제1항의 규정에 의하여 부동산의 소유권을 점유로 취득하는 경우 취득시기는 취득물건의 등기일 또는 등록일이다. ( )

52 해당 자산의 대금을 청산한 날까지 그 목적물이 완성 또는 확정되지 아니한 경우 취득시기는 대금을 청산한 날이다. ( )

53 「도시개발법」에 따라 교부받은 토지의 면적이 환지처분에 의한 권리면적보다 증가 또는 감소된 경우 양도 또는 취득의 시기는 환지처분의 공고가 있은 날이다. ( )

54 부동산의 소유권이 타인에게 이전되었다가 법원의 무효판결에 의하여 해당 자산의 소유권이 환원되는 경우 취득시기는 법원의 확정판결일이다. ( )

55 양도가액을 기준시가에 따를 때에는 취득가액도 기준시가에 따른다. ( )

56 취득당시 실지거래가액을 확인할 수 없는 경우에는 매매사례가액, 환산취득가액, 감정가액, 기준시가를 순차로 적용하여 산정한 가액을 취득가액으로 한다. ( )

57 매매사례가액은 양도일 또는 취득일 전후 각 6개월 이내에 해당 자산과 동일성 또는 유사성이 있는 자산의 매매사례가 있는 경우 그 가액을 말한다. ( )

58 부동산을 취득할 수 있는 권리에 대한 기준시가는 양도자산의 종류를 고려하여 취득일 또는 양도일까지 납입한 금액으로 한다. ( )

59 취득가액을 실지거래가액으로 계산하는 경우 자본적 지출액은 필요경비에 포함된다. ( )

60 등기된 토지의 취득가액을 환산취득가액으로 계산하는 경우 취득당시 개별공시지가에 1/100을 곱한 금액이 필요경비에 포함된다. ( )

61 양도차익 계산시 취득가액을 환산취득가액으로 추계결정한 경우로서 환산취득가액과 필요경비개산공제액의 합계액의 금액이 자본적 지출액과 양도비의 합계액의 금액보다 적은 경우에는 자본적 지출액과 양도비의 합계액의 금액을 필요경비로 할 수 있다. ( )

---

49 매매계약서의 거래가액을 실지거래가액과 다르게 적은 경우에는 비과세 또는 감면받았거나 받을 세액에서 비과세의 경우 양도소득 산출세액 또는 감면의 경우 감면세액과 매매계약서의 거래가액과 실지거래가액과의 차액 중 적은 금액을 뺀다. (○)

50 부동산의 양도에 대한 양도소득세 및 양도소득세의 부가세액을 양수자가 부담하기로 약정한 경우, 양도시기인 대금을 청산한 날의 판정시 해당 양도소득세 및 양도소득세의 부가세액을 포함한다. (×) → 제외한다.

51 「민법」제245조 제1항의 규정에 의하여 부동산의 소유권을 점유로 취득하는 경우 취득시기는 취득물건의 등기일 또는 등록일이다. (×) → 점유를 개시한 날

52 해당 자산의 대금을 청산한 날까지 그 목적물이 완성 또는 확정되지 아니한 경우 취득시기는 대금을 청산한 날이다. (×) → 완성 또는 확정된 날

53 「도시개발법」에 따라 교부받은 토지의 면적이 환지처분에 의한 권리면적보다 증가 또는 감소된 경우 양도 또는 취득의 시기는 환지처분의 공고가 있은 날이다. (×) → 환지처분의 공고가 있은 날의 다음 날

54 부동산의 소유권이 타인에게 이전되었다가 법원의 무효판결에 의하여 해당 자산의 소유권이 환원되는 경우 취득시기는 법원의 확정판결일이다. (×) → 당초 취득일

55 양도가액을 기준시가에 따를 때에는 취득가액도 기준시가에 따른다. (○)

56 취득당시 실지거래가액을 확인할 수 없는 경우에는 매매사례가액, 환산취득가액, 감정가액, 기준시가를 순차로 적용하여 산정한 가액을 취득가액으로 한다. (×) → 매매사례가액, 감정가액, 환산취득가액, 기준시가

57 매매사례가액은 양도일 또는 취득일 전후 각 6개월 이내에 해당 자산과 동일성 또는 유사성이 있는 자산의 매매사례가 있는 경우 그 가액을 말한다. (×) → 3개월 이내

58 부동산을 취득할 수 있는 권리에 대한 기준시가는 양도자산의 종류를 고려하여 취득일 또는 양도일까지 납입한 금액으로 한다. (×) → 납입한 금액 + 프리미엄 상당액

59 취득가액을 실지거래가액으로 계산하는 경우 자본적 지출액은 필요경비에 포함된다. (○)

60 등기된 토지의 취득가액을 환산취득가액으로 계산하는 경우 취득당시 개별공시지가에 1/100을 곱한 금액이 필요경비에 포함된다. (×) → 취득당시 개별공시지가에 3/100

61 양도차익 계산시 취득가액을 환산취득가액으로 추계결정한 경우로서 환산취득가액과 필요경비개산공제액의 합계액의 금액이 자본적 지출액과 양도비의 합계액의 금액보다 적은 경우에는 자본적 지출액과 양도비의 합계액의 금액을 필요경비로 할 수 있다. (○)

62 거주자가 건물을 신축하고 그 건물의 취득일부터 10년 이내에 해당 건물을 양도하는 경우로서 감정가액 또는 환산취득가액을 그 취득가액으로 하는 경우에는 해당 건물의 감정가액 또는 환산취득가액의 100분의 10에 해당하는 금액을 양도소득 결정세액에 더한다. 다만, 양도소득 산출세액이 없는 경우에는 적용하지 아니한다. ( )

62 거주자가 건물을 신축하고 그 건물의 취득일부터 10년 이내에 해당 건물을 양도하는 경우로서 감정가액 또는 환산취득가액을 그 취득가액으로 하는 경우에는 해당 건물의 감정가액 또는 환산취득가액의 100분의 10에 해당하는 금액을 양도소득 결정세액에 더한다. 다만, 양도소득 산출세액이 없는 경우에는 적용하지 아니한다. (×) → 5년 이내, 100분의 5

63 A법인과 특수관계에 있는 주주가 시가 10억원(「법인세법」 제52조에 따른 시가임)의 토지를 A법인에게 12억원에 양도한 경우 양도가액은 10억원으로 본다. 단, A법인은 이 거래에 대하여 세법에 따른 처리를 적절하게 하였다. ( )

63 A법인과 특수관계에 있는 주주가 시가 10억원(「법인세법」 제52조에 따른 시가임)의 토지를 A법인에게 12억원에 양도한 경우 양도가액은 10억원으로 본다. 단, A법인은 이 거래에 대하여 세법에 따른 처리를 적절하게 하였다. (○)

64 「지적재조사에 관한 특별법」 제18조에 따른 경계의 확정으로 지적공부상의 면적이 증가되어 같은 법 제20조에 따라 징수한 조정금은 취득가액에 해당한다. ( )

64 「지적재조사에 관한 특별법」 제18조에 따른 경계의 확정으로 지적공부상의 면적이 증가되어 같은 법 제20조에 따라 징수한 조정금은 취득가액에 해당한다. (×) → 조정금은 취득가액에서 제외

65 양도자산의 보유기간 중에 그 자산의 감가상각비로서 각 과세기간의 사업소득금액을 계산하는 경우 필요경비에 산입하였거나 산입할 금액은 취득가액에 포함한다. ( )

65 양도자산의 보유기간 중에 그 자산의 감가상각비로서 각 과세기간의 사업소득금액을 계산하는 경우 필요경비에 산입하였거나 산입할 금액은 취득가액에 포함한다. (×) → 취득가액에서 제외

66 양도자산을 취득한 후 쟁송이 있는 경우 그 소유권을 확보하기 위하여 직접 소요된 소송비용·화해비용 등으로서 그 지출한 연도의 각 소득금액 계산에 있어서 필요경비에 산입된 금액을 공제한 금액은 양도차익을 계산하는 경우 양도가액에서 차감하는 필요경비에 해당한다. ( )

66 양도자산을 취득한 후 쟁송이 있는 경우 그 소유권을 확보하기 위하여 직접 소요된 소송비용·화해비용 등으로서 그 지출한 연도의 각 소득금액 계산에 있어서 필요경비에 산입된 금액을 공제한 금액은 양도차익을 계산하는 경우 양도가액에서 차감하는 필요경비에 해당한다. (○)

67 양도자산의 용도변경·개량 또는 이용편의를 위하여 지출한 비용(재해·노후화 등 부득이한 사유로 인하여 건물을 재건축한 경우 그 철거비용을 포함)은 양도소득의 필요경비에 해당한다. ( )

67 양도자산의 용도변경·개량 또는 이용편의를 위하여 지출한 비용(재해·노후화 등 부득이한 사유로 인하여 건물을 재건축한 경우 그 철거비용을 포함)은 양도소득의 필요경비에 해당한다. (○)

68 납부의무자와 양도자가 동일한 경우 「재건축초과이익 환수에 관한 법률」에 따른 재건축부담금은 양도소득의 필요경비에 해당하지 아니한다. ( )

68 납부의무자와 양도자가 동일한 경우 「재건축초과이익 환수에 관한 법률」에 따른 재건축부담금은 양도소득의 필요경비에 해당하지 아니한다. (×) → 해당한다.

69 실지거래가액으로 양도차익을 계산하는 경우 토지를 취득함에 있어서 부수적으로 매입한 채권을 만기 전에 양도함으로써 발생하는 매각차손은 채권의 매매상대방과 관계없이 전액 양도비용으로 인정된다. ( )

69 실지거래가액으로 양도차익을 계산하는 경우 토지를 취득함에 있어서 부수적으로 매입한 채권을 만기 전에 양도함으로써 발생하는 매각차손은 채권의 매매상대방과 관계없이 전액 양도비용으로 인정된다. (×) → 금융기관 매각차손을 한도

70 실지거래가액을 기준으로 양도차익을 산정하는 경우 자본적지출액과 양도비는 그 지출에 관한 증명서류를 수취·보관하지 않은 경우에도 실제 지출사실이 금융거래 증명서류에 의하여 확인되는 경우에는 양도소득의 필요경비에 해당한다. ( )

70 실지거래가액을 기준으로 양도차익을 산정하는 경우 자본적지출액과 양도비는 그 지출에 관한 증명서류를 수취·보관하지 않은 경우에도 실제 지출사실이 금융거래 증명서류에 의하여 확인되는 경우에는 양도소득의 필요경비에 해당한다. (○)

71 거주자가 등기된 국내 소재 상가 건물을 5년 6개월 보유하다가 양도한 경우 장기보유특별공제율은 100분의 15이다. ( )

71 거주자가 등기된 국내 소재 상가 건물을 5년 6개월 보유하다가 양도한 경우 장기보유특별공제율은 100분의 15이다. (×) → 100분의 10

72 거주자가 등기된 국내 소재 1세대 1주택을 3년 6개월 보유하고, 그 보유기간 중 2년 6개월 거주하다가 양도한 경우 장기보유특별공제율은 100분의 20이다. ( )

72 거주자가 등기된 국내 소재 1세대 1주택을 3년 6개월 보유하고, 그 보유기간 중 2년 6개월 거주하다가 양도한 경우 장기보유특별공제율은 100분의 20이다. (○)

73 거주자가 등기된 국내 소재 1세대 1주택을 3년 6개월 보유하고, 그 보유기간 중 1년 6개월 거주하다가 양도한 경우 장기보유특별공제율은 100분의 12이다. ( )

74 장기보유특별공제의 보유기간을 계산함에 있어서 배우자 또는 직계존비속으로부터 증여받은 자산에 대한 이월과세가 적용되는 경우에는 증여 받은 배우자 또는 직계존비속이 해당 자산을 취득한 날부터 기산한다. ( )

75 장기보유특별공제의 보유기간을 계산함에 있어서 가업상속공제가 적용된 비율에 해당하는 자산의 경우에는 피상속인이 해당 자산을 취득한 날부터 기산한다. ( )

76 "장기보유특별공제액"이란 조합원입주권을 양도하는 경우에는 「도시 및 주거환경정비법」 제74조에 따른 관리처분계획 인가 및 「빈집 및 소규모주택 정비에 관한 특례법」 제29조에 따른 사업시행계획인가 전 토지분 또는 건물분의 양도차익에 보유기간별 공제율을 곱하여 계산한 금액을 말한다. ( )

77 비거주자가 국내 부동산을 양도한 경우 장기보유특별공제는 적용되지 아니한다. ( )

78 해당 부동산의 양도일까지 계속 5년 이상 국내에 주소 또는 거소를 둔 거주자가 국외 부동산을 3년 이상 보유하다가 양도한 경우에는 장기보유특별공제를 적용한다. ( )

79 국내 소재 등기된 비사업용토지의 보유기간이 3년 이상인 경우에도 장기보유특별공제는 적용되지 아니한다. ( )

80 2024년 3월에 등기된 상업용 건물을 양도하여 양도소득과세표준 계산시 250만원의 양도소득기본공제를 받은 경우, 2024년 9월에 양도한 등기된 토지에 대해서도 양도소득기본공제가 적용된다. ( )

81 양도소득금액에 감면소득금액이 있는 경우 양도소득기본공제는 그 감면소득금액 외의 양도소득금액에서 먼저 공제하고, 감면소득금액 외의 양도소득금액 중에서는 해당 과세기간에 먼저 양도한 자산의 양도소득금액에서 순차로 공제한다. ( )

82 공유자산을 양도한 경우 공유자 각각 양도소득기본공제를 적용한다. ( )

83 법원의 결정에 의하여 양도당시 그 자산의 취득에 관한 등기가 불가능한 자산에 대해서는 양도소득기본공제를 적용하지 아니한다. ( )

84 조정대상지역에 있는 법령으로 정하는 등기된 1세대 2주택에 대하여는 양도소득기본공제를 적용하지 아니한다. ( )

85 거주자가 국외 부동산을 양도한 경우 양도소득기본공제는 적용되지 아니한다. ( )

---

73 거주자가 등기된 국내 소재 1세대 1주택을 3년 6개월 보유하고, 그 보유기간 중 1년 6개월 거주하다가 양도한 경우 장기보유특별공제율은 100분의 12이다. (×) → 100분의 6

74 장기보유특별공제의 보유기간을 계산함에 있어서 배우자 또는 직계존비속으로부터 증여받은 자산에 대한 이월과세가 적용되는 경우에는 증여 받은 배우자 또는 직계존비속이 해당 자산을 취득한 날부터 기산한다. (×) → 증여한

75 장기보유특별공제의 보유기간을 계산함에 있어서 가업상속공제가 적용된 비율에 해당하는 자산의 경우에는 피상속인이 해당 자산을 취득한 날부터 기산한다. (○)

76 "장기보유특별공제액"이란 조합원입주권을 양도하는 경우에는 「도시 및 주거환경정비법」 제74조에 따른 관리처분계획 인가 및 「빈집 및 소규모주택 정비에 관한 특례법」 제29조에 따른 사업시행계획인가 전 토지분 또는 건물분의 양도차익에 보유기간별 공제율을 곱하여 계산한 금액을 말한다. (○)

77 비거주자가 국내 부동산을 양도한 경우 장기보유특별공제는 적용되지 아니한다. (×) → 100분의 6~100분의 30의 장기보유특별공제는 적용

78 해당 부동산의 양도일까지 계속 5년 이상 국내에 주소 또는 거소를 둔 거주자가 국외 부동산을 3년 이상 보유하다가 양도한 경우에는 장기보유특별공제를 적용한다. (×) → 적용하지 아니한다.

79 국내 소재 등기된 비사업용토지의 보유기간이 3년 이상인 경우에도 장기보유특별공제는 적용되지 아니한다. (×) → 적용한다.

80 2024년 3월에 등기된 상업용 건물을 양도하여 양도소득과세표준 계산시 250만원의 양도소득기본공제를 받은 경우, 2024년 9월에 양도한 등기된 토지에 대해서도 양도소득기본공제가 적용된다. (×) → 2024년 9월은 적용하지 아니한다.

81 양도소득금액에 감면소득금액이 있는 경우 양도소득기본공제는 그 감면소득금액 외의 양도소득금액에서 먼저 공제하고, 감면소득금액 외의 양도소득금액 중에서는 해당 과세기간에 먼저 양도한 자산의 양도소득금액에서 순차로 공제한다. (○)

82 공유자산을 양도한 경우 공유자 각각 양도소득기본공제를 적용한다. (○)

83 법원의 결정에 의하여 양도당시 그 자산의 취득에 관한 등기가 불가능한 자산에 대해서는 양도소득기본공제를 적용하지 아니한다. (×) → 적용한다.

84 조정대상지역에 있는 법령으로 정하는 등기된 1세대 2주택에 대하여는 양도소득기본공제를 적용하지 아니한다. (×) → 적용한다.

85 거주자가 국외 부동산을 양도한 경우 양도소득기본공제는 적용되지 아니한다. (×) → 국외 부동산 적용한다.

86 비거주자의 국내원천소득인 양도소득에 대한 양도소득세 과세표준을 계산함에 있어 양도소득기본공제는 적용하지 아니한다. ( )

86 비거주자의 국내원천소득인 양도소득에 대한 양도소득세 과세표준을 계산함에 있어 양도소득기본공제는 적용하지 아니한다. (×) → 비거주자 적용한다.

87 1세대 1주택 비과세 요건을 충족하는 고가주택의 양도가액이 16억원이고 양도차익이 6억원인 경우 양도소득세가 과세되는 양도차익은 4억 5천만원이다. ( )

87 1세대 1주택 비과세 요건을 충족하는 고가주택의 양도가액이 16억원이고 양도차익이 6억원인 경우 양도소득세가 과세되는 양도차익은 4억 5천만원이다. (×) → 1억 5천만원

88 배우자간 부담부증여로서 수증자에게 인수되지 아니한 것으로 추정되는 채무액은 부담부증여의 채무액에 해당하는 부분에서 제외한다. ( )

88 배우자간 부담부증여로서 수증자에게 인수되지 아니한 것으로 추정되는 채무액은 부담부증여의 채무액에 해당하는 부분에서 제외한다. (○)

89 부담부증여의 경우 양도로 보는 부분에 대한 양도차익을 계산함에 있어서 그 취득가액은 취득가액에 증여가액 중 채무액에 상당하는 부분이 차지하는 비율을 곱하여 계산한 가액으로 한다. ( )

89 부담부증여의 경우 양도로 보는 부분에 대한 양도차익을 계산함에 있어서 그 취득가액은 취득가액에 증여가액 중 채무액에 상당하는 부분이 차지하는 비율을 곱하여 계산한 가액으로 한다. (○)

90 甲이 시가 100억원으로 평가된 토지를 사촌 형인 거주자 乙에게 95억원에 양도한 경우, 양도차익 계산시 양도가액은 95억원으로 계산한다. ( )

90 甲이 시가 100억원으로 평가된 토지를 사촌 형인 거주자 乙에게 95억원에 양도한 경우, 양도차익 계산시 양도가액은 95억원으로 계산한다. (×) → 시가 100억원

91 甲이 시가 10억원 상가건물을 특수관계인인 乙로부터 12억원에 취득한 경우, 양도차익 계산시 취득가액은 12억원으로 계산한다. ( )

91 甲이 시가 10억원 상가건물을 특수관계인인 乙로부터 12억원에 취득한 경우, 양도차익 계산시 취득가액은 12억원으로 계산한다. (×) → 시가 10억원

92 이월과세(=필요경비 계산 특례)와 증여 후 양도행위 부인

「소득세법」상 거주자 甲이 특수관계인인 거주자 乙에게 등기된 국내 소재의 부동산을 증여하고 乙이 그로부터 10년 이내에 등기된 부동산을 甲·乙과 특수관계가 없는 거주자 丙에게 양도한 경우(단, 乙이 甲의 배우자 또는 직계존비속인 경우 사업인정고시일부터 소급하여 2년 이전에 증여받은 경우로서 수용되는 경우, 이월과세의 적용으로 1세대 1주택의 비과세규정을 적용받는 주택, 이월과세를 적용하여 계산한 양도소득 결정세액이 이월과세를 적용하지 아니하고 계산한 양도소득 결정세액보다 적은 경우는 아니라고 가정함)
① 乙이 甲의 배우자인 경우 양도소득세 납세의무자는 甲이다. ( )
② 乙이 甲의 배우자인 경우 양도 당시 혼인관계가 소멸된 경우를 포함하되, 사망으로 혼인관계가 소멸된 경우는 제외한다. ( )
③ 乙이 甲의 배우자인 경우 乙의 양도차익 계산시 취득가액은 甲이 부동산을 취득한 당시의 취득가액으로 한다. ( )
④ 乙이 甲의 배우자인 경우 부동산에 대한 장기보유특별공제액은 부동산의 양도차익에 乙이 부동산을 취득한 날부터 기산한 보유기간별 공제율을 곱하여 계산한다. ( )
⑤ 乙이 甲의 배우자인 경우 양도소득세율을 적용함에 있어서 보유기간은 甲이 부동산을 취득한 날부터 기산한다. ( )

92 이월과세(=필요경비 계산 특례)와 증여 후 양도행위 부인

「소득세법」상 거주자 甲이 특수관계인인 거주자 乙에게 등기된 국내 소재의 부동산을 증여하고 乙이 그로부터 10년 이내에 등기된 부동산을 甲·乙과 특수관계가 없는 거주자 丙에게 양도한 경우(단, 乙이 甲의 배우자 또는 직계존비속인 경우 사업인정고시일부터 소급하여 2년 이전에 증여받은 경우로서 수용되는 경우, 이월과세의 적용으로 1세대 1주택의 비과세규정을 적용받는 주택, 이월과세를 적용하여 계산한 양도소득 결정세액이 이월과세를 적용하지 아니하고 계산한 양도소득 결정세액보다 적은 경우는 아니라고 가정함)
① 乙이 甲의 배우자인 경우 양도소득세 납세의무자는 甲이다. (×) → 乙
② 乙이 甲의 배우자인 경우 양도 당시 혼인관계가 소멸된 경우를 포함하되, 사망으로 혼인관계가 소멸된 경우는 제외한다. (○)
③ 乙이 甲의 배우자인 경우 乙의 양도차익 계산시 취득가액은 甲이 부동산을 취득한 당시의 취득가액으로 한다. (○)
④ 乙이 甲의 배우자인 경우 부동산에 대한 장기보유특별공제액은 부동산의 양도차익에 乙이 부동산을 취득한 날부터 기산한 보유기간별 공제율을 곱하여 계산한다. (×) → 甲
⑤ 乙이 甲의 배우자인 경우 양도소득세율을 적용함에 있어서 보유기간은 甲이 부동산을 취득한 날부터 기산한다. (○)

⑥ 乙이 甲의 배우자인 경우 乙이 납부한 증여세는 양도차익 계산시 필요경비에 산입한다. ( )

⑦ 乙이 甲의 배우자인 경우 양도소득세에 대해 甲과 乙이 연대하여 납세의무를 진다. ( )

⑧ 乙이 甲의 사촌 동생인 경우 乙의 증여세와 양도소득세를 합한 세액이 甲이 직접 丙에게 건물을 양도한 것으로 보아 계산한 양도소득세보다 큰 때에는 甲이 丙에게 직접 양도한 것으로 본다. ( )

⑨ 乙이 甲의 사촌 동생인 경우 乙의 증여세와 양도소득세를 합한 세액이 甲이 직접 丙에게 건물을 양도한 것으로 보아 계산한 양도소득세보다 적은 때에는 甲이 丙에게 직접 양도한 것으로 본다. ( )

⑩ ⑨의 경우 양도소득세에 대해 乙은 甲과 함께 연대하여 납세의무를 진다. ( )

⑪ ⑨의 경우 수증자가 부담한 증여세 상당액은 양도가액에서 공제할 필요경비에 산입한다. ( )

⑫ 乙이 甲의 사촌 동생인 경우 乙이 이를 증여일로부터 10년이 지나 양도한 때에는 乙이 丙에게 양도한 것으로 본다. ( )

⑬ 乙이 甲의 사촌 동생인 경우 양도소득이 乙에게 실질적으로 귀속된 때에는 乙이 丙에게 양도한 것으로 본다. ( )

93 부동산에 관한 권리의 양도로 발생한 양도차손은 토지의 양도에서 발생한 양도소득금액에서 공제할 수 있다. ( )

94 2024년 건물의 양도에서 발생한 양도차손을 2025년 건물의 양도로 인한 양도소득금액에서 이월하여 공제할 수 있다. ( )

95 상속받은 부동산을 양도하는 경우, 양도소득세 세율을 적용함에 있어서 보유기간은 피상속인이 그 부동산을 취득한 날부터 상속인이 양도한 날까지로 한다. ( )

96 배우자 또는 직계존비속으로부터 증여받은 자산에 대한 이월과세를 적용하는 경우, 양도소득세의 세율을 적용함에 있어서 보유기간은 증여자가 해당 부동산을 취득한 날부터 수증자가 양도한 날까지로 한다. ( )

97 2024년 7월 15일에 상가를 매매하고 잔금을 청산한 경우 2024년 10월 31일에 예정신고할 수 있다. ( )

98 甲은「부동산 거래신고 등에 관한 법률」의 규정에 의한 거래계약허가구역 안의 토지에 대하여 2024년 6월 24일에 乙과 매매계약을 체결하고, 2024년 7월 25일에 매매대금을 모두 수령한 후 2024년 8월 20일에 토지거래계약허가를 받은 경우, 2024년 10월 31일에 예정신고할 수 있다. ( )

---

⑥ 乙이 甲의 배우자인 경우 乙이 납부한 증여세는 양도차익 계산시 필요경비에 산입한다. (○)

⑦ 乙이 甲의 배우자인 경우 양도소득세에 대해 甲과 乙이 연대하여 납세의무를 진다. (×) → 연대납세의무 없음

⑧ 乙이 甲의 사촌 동생인 경우 乙의 증여세와 양도소득세를 합한 세액이 甲이 직접 丙에게 건물을 양도한 것으로 보아 계산한 양도소득세보다 큰 때에는 甲이 丙에게 직접 양도한 것으로 본다. (×) → 乙이 丙에게 양도

⑨ 乙이 甲의 사촌 동생인 경우 乙의 증여세와 양도소득세를 합한 세액이 甲이 직접 丙에게 건물을 양도한 것으로 보아 계산한 양도소득세보다 적은 때에는 甲이 丙에게 직접 양도한 것으로 본다. (○)

⑩ ⑨의 경우 양도소득세에 대해 乙은 甲과 함께 연대하여 납세의무를 진다. (○)

⑪ ⑨의 경우 수증자가 부담한 증여세 상당액은 양도가액에서 공제할 필요경비에 산입한다. (×) → 부과를 취소하고 수증자에게 환급

⑫ 乙이 甲의 사촌 동생인 경우 乙이 이를 증여일로부터 10년이 지나 양도한 때에는 乙이 丙에게 양도한 것으로 본다. (○)

⑬ 乙이 甲의 사촌 동생인 경우 양도소득이 乙에게 실질적으로 귀속된 때에는 乙이 丙에게 양도한 것으로 본다. (○)

93 부동산에 관한 권리의 양도로 발생한 양도차손은 토지의 양도에서 발생한 양도소득금액에서 공제할 수 있다. (○)

94 2024년 건물의 양도에서 발생한 양도차손을 2025년 건물의 양도로 인한 양도소득금액에서 이월하여 공제할 수 있다. (×) → 공제할 수 없다.

95 상속받은 부동산을 양도하는 경우, 양도소득세 세율을 적용함에 있어서 보유기간은 피상속인이 그 부동산을 취득한 날부터 상속인이 양도한 날까지로 한다. (○)

96 배우자 또는 직계존비속으로부터 증여받은 자산에 대한 이월과세를 적용하는 경우, 양도소득세의 세율을 적용함에 있어서 보유기간은 증여자가 해당 부동산을 취득한 날부터 수증자가 양도한 날까지로 한다. (○)

97 2024년 7월 15일에 상가를 매매하고 잔금을 청산한 경우 2024년 10월 31일에 예정신고할 수 있다. (×) → 2024년 9월 30에 예정신고할 수 있다.

98 甲은「부동산 거래신고 등에 관한 법률」의 규정에 의한 거래계약허가구역 안의 토지에 대하여 2024년 6월 24일에 乙과 매매계약을 체결하고, 2024년 7월 25일에 매매대금을 모두 수령한 후 2024년 8월 20일에 토지거래계약허가를 받은 경우, 2024년 10월 31일에 예정신고할 수 있다. (○)

99 법령에 따른 **부담부증여**의 채무액에 해당하는 부분으로서 양도로 보는 경우 그 양도일이 속하는 달의 말일부터 2개월 이내에 양도소득과세표준을 납세지 관할 세무서장에게 신고하여야 한다. ( )

100 예정신고하지 않은 거주자가 해당 과세기간의 과세표준이 없는 경우 확정신고하지 아니한다. ( )

101 예정신고와 함께 자진납부를 하는 때에는 그 산출세액에서 납부할 세액의 100분의 10에 상당하는 금액을 공제한다. ( )

102 예정신고를 하지 않은 경우 확정신고를 하면 예정신고에 대한 가산세는 부과되지 아니한다. ( )

103 예정신고 관련 무신고가산세가 부과되는 경우, 그 부분에 대하여 확정신고와 관련한 무신고가산세가 다시 부과된다. ( )

104 예정신고를 한 자는 해당 소득에 대한 확정신고를 하지 아니할 수 있다. 다만, 당해 연도에 누진세율의 적용대상 자산에 대한 예정신고를 2회 이상 한 자가 이미 신고한 양도소득금액과 합산하여 신고하지 아니한 경우에는 그러하지 아니하다. ( )

105 거주자가 국내 토지를 양도한 경우 거주자의 주소지와 토지의 소재지가 다르다면 양도소득세 납세지는 토지의 소재지이다. ( )

106 납세지 관할 세무서장은 양도소득과세표준과 세액을 결정 또는 경정한 경우 양도소득 총결정세액이 예정신고납부세액과 확정신고납부세액의 금액의 합계액을 초과할 때에는 그 초과하는 세액을 해당 거주자에게 알린 날부터 60일 이내에 징수한다. ( )

107 납세지 관할 세무서장은 과세기간별로 예정신고납부세액과 확정신고납부세액의 금액의 합계액이 양도소득 총결정세액을 초과할 때에는 그 초과하는 세액을 환급하거나 다른 국세 및 강제징수비에 충당하여야 한다. ( )

108 양도소득세는 부동산으로 물납할 수 있다. ( )

109 거주자가 양도소득세 예정신고에 따라 납부할 세액이 1천 200만원인 경우 200만원을 분할납부할 수 있다. ( )

110 거주자가 양도소득세 예정신고에 따라 납부할 세액이 2천 600만원인 경우 1천 300만원을 분할납부할 수 있다. ( )

111 예정신고를 하는 경우 납부할 세액의 일부를 분납하고자 하는 자는 관련 서류에 분납할 세액을 기재하여 예정신고 기한 10일 전까지 관할세무서장에게 신청하여야 한다. ( )

112 국외 부동산 양도시 양도소득세의 납세의무자는 국외 부동산의 양도일까지 계속하여 3년 이상 국내에 주소를 둔 거주자이다. ( )

113 국외에서 외화를 차입하여 취득한 자산을 양도하여 발생하는 소득으로서 환율변동으로 인하여 외화차입금으로부터 발생하는 환차익을 포함하고 있는 경우에는 해당 환차익을 양도소득의 범위에서 제외한다. ( )

99 법령에 따른 부담부증여의 채무액에 해당하는 부분으로서 양도로 보는 경우 그 양도일이 속하는 달의 말일부터 2개월 이내에 양도소득과세표준을 납세지 관할 세무서장에게 신고하여야 한다. (×) → 3개월 이내

100 예정신고하지 않은 거주자가 해당 과세기간의 과세표준이 없는 경우 확정신고하지 아니한다. (×) → 한다.

101 예정신고와 함께 자진납부를 하는 때에는 그 산출세액에서 납부할 세액의 100분의 10에 상당하는 금액을 공제한다. (×) → 공제하지 아니한다.

102 예정신고를 하지 않은 경우 확정신고를 하면 예정신고에 대한 가산세는 부과되지 아니한다. (×) → 부과한다.

103 예정신고 관련 무신고가산세가 부과되는 경우, 그 부분에 대하여 확정신고와 관련한 무신고가산세가 다시 부과된다. (×) → 부과하지 아니한다.

104 예정신고를 한 자는 해당 소득에 대한 확정신고를 하지 아니할 수 있다. 다만, 당해 연도에 누진세율의 적용대상 자산에 대한 예정신고를 2회 이상 한 자가 이미 신고한 양도소득금액과 합산하여 신고하지 아니한 경우에는 그러하지 아니하다. (○)

105 거주자가 국내 토지를 양도한 경우 거주자의 주소지와 토지의 소재지가 다르다면 양도소득세 납세지는 토지의 소재지이다. (×) → 주소지

106 납세지 관할 세무서장은 양도소득과세표준과 세액을 결정 또는 경정한 경우 양도소득 총결정세액이 예정신고납부세액과 확정신고납부세액의 금액의 합계액을 초과할 때에는 그 초과하는 세액을 해당 거주자에게 알린 날부터 60일 이내에 징수한다. (×) → 30일 이내

107 납세지 관할 세무서장은 과세기간별로 예정신고납부세액과 확정신고납부세액의 금액의 합계액이 양도소득 총결정세액을 초과할 때에는 그 초과하는 세액을 환급하거나 다른 국세 및 강제징수비에 충당하여야 한다. (○)

108 양도소득세는 부동산으로 물납할 수 있다. (×) → 없다.

109 거주자가 양도소득세 예정신고에 따라 납부할 세액이 1천 200만원인 경우 200만원을 분할납부할 수 있다. (○)

110 거주자가 양도소득세 예정신고에 따라 납부할 세액이 2천 600만원인 경우 1천 300만원을 분할납부할 수 있다. (○)

111 예정신고를 하는 경우 납부할 세액의 일부를 분납하고자 하는 자는 관련 서류에 분납할 세액을 기재하여 예정신고 기한 10일 전까지 관할세무서장에게 신청하여야 한다. (×) → 예정신고기한 10일 전까지

112 국외 부동산 양도시 양도소득세의 납세의무자는 국외 부동산의 양도일까지 계속하여 3년 이상 국내에 주소를 둔 거주자이다. (×) → 5년 이상

113 국외에서 외화를 차입하여 취득한 자산을 양도하여 발생하는 소득으로서 환율변동으로 인하여 외화차입금으로부터 발생하는 환차익을 포함하고 있는 경우에는 해당 환차익을 양도소득의 범위에서 제외한다. (○)

114 양도 당시의 <u>실지거래가액이 확인되더라도</u> 외국정부의 평가가액을 양도가액으로 <u>먼저 적용한다.</u> ( )

114 양도 당시의 실지거래가액이 확인되더라도 외국정부의 평가가액을 양도가액으로 먼저 적용한다. (×) → **실지거래가액**

115 국외자산의 양도에 대한 양도소득세 과세에 있어서 국내자산의 양도에 대한 양도소득세 규정 중 <u>기준시가의 산정은 준용한다.</u> ( )

115 국외자산의 양도에 대한 양도소득세 과세에 있어서 국내자산의 양도에 대한 양도소득세 규정 중 기준시가의 산정은 준용한다. (×) → **준용하지 아니한다.**

116 국외주택에 대한 양도차익은 양도가액에서 취득가액과 **필요경비개산공제**를 <u>차감하여 계산한다.</u> ( )

116 국외주택에 대한 양도차익은 양도가액에서 취득가액과 필요경비개산공제를 차감하여 계산한다. (×) → **필요경비개산공제**는 **적용하지 아니한다.**

117 국외 부동산의 양도에 대한 양도소득세를 계산하는 경우에는 **장기보유특별공제액**은 **공제하지 아니한다.** ( )

117 국외 부동산의 양도에 대한 양도소득세를 계산하는 경우에는 장기보유특별공제액은 공제하지 아니한다. (○)

118 국외 부동산을 양도한 경우 양도소득 과세표준 계산시 **양도소득기본공제**는 <u>적용되지 아니한다.</u> ( )

118 국외 부동산을 양도한 경우 양도소득 과세표준 계산시 양도소득기본공제는 적용되지 아니한다. (×) → **적용한다.**

119 미등기 국외토지에 대한 양도소득세율은 <u>100분의 70</u>이다. ( )

119 미등기 국외토지에 대한 양도소득세율은 100분의 70이다. (×) → 6%~45%의 **8단계 초과누진세율**

120 국외 부동산의 양도소득에 대하여 해당 외국에서 과세를 하는 경우로서 그 양도소득에 대하여 **국외 부동산 양도소득세액을 납부하였거나 납부할 것이 있을 때**에는 외국납부세액의 **세액공제방법**과 외국납부세액의 **필요경비 산입방법** 중 하나를 선택하여 적용할 수 있다. ( )

120 국외 부동산의 양도소득에 대하여 해당 외국에서 과세를 하는 경우로서 그 양도소득에 대하여 국외 부동산 양도소득세액을 납부하였거나 납부할 것이 있을 때에는 외국납부세액의 세액공제방법과 외국납부세액의 필요경비 산입방법 중 하나를 선택하여 적용할 수 있다. (○)

121 「공익사업을 위한 토지 등의 취득 및 보상에 관한 법률」 제4조에 따른 공익사업과 관련하여 지역권을 대여함으로써 발생하는 소득은 <u>사업소득</u>이다. ( )

121 「공익사업을 위한 토지 등의 취득 및 보상에 관한 법률」 제4조에 따른 공익사업과 관련하여 지역권을 대여함으로써 발생하는 소득은 사업소득이다. (×) → **기타소득**

122 사업자가 부동산을 임대하고 임대료 외에 전기료·수도료 등 공공요금의 명목으로 지급받은 금액이 공공요금의 **납부액을 초과할 때** <u>그 초과하는 금액</u>은 <u>사업소득 총수입금액에 산입하지 아니한다.</u> ( )

122 사업자가 부동산을 임대하고 임대료 외에 전기료·수도료 등 공공요금의 명목으로 지급받은 금액이 공공요금의 납부액을 초과할 때 그 초과하는 금액은 사업소득 총수입금액에 산입하지 아니한다. (×) → **산입한다.**

123 임대보증금의 간주임대료를 계산하는 과정에서 <u>금융수익을 차감할 때</u> 그 금융수익은 해당 과세기간의 해당 임대사업부분에서 발생한 <u>수입이자</u>와 <u>할인료</u> 및 <u>배당금</u>의 합계액으로 한다. ( )

123 임대보증금의 간주임대료를 계산하는 과정에서 금융수익을 차감할 때 그 금융수익은 해당 과세기간의 해당 임대사업부분에서 발생한 수입이자와 할인료 및 배당금의 합계액으로 한다. (○)

124 <u>주거용 건물 임대업</u>에서 발생한 결손금은 종합소득 과세표준을 계산할 때 <u>공제하지 아니한다.</u> ( )

124 주거용 건물 임대업에서 발생한 결손금은 종합소득 과세표준을 계산할 때 공제하지 아니한다. (×) → **공제한다.**

125 해당 과세기간의 <u>주거용 건물 임대업을 제외한 부동산임대업</u>에서 발생한 결손금은 그 과세기간의 종합소득과세표준을 계산할 때 **공제하지 아니한다.** ( )

125 해당 과세기간의 주거용 건물 임대업을 제외한 부동산임대업에서 발생한 결손금은 그 과세기간의 종합소득과세표준을 계산할 때 공제하지 아니한다. (○)

126 부동산임대업에서 발생한 **이월결손금**은 해당 이월결손금이 발생한 과세기간의 종료일부터 <u>10년 이내</u>에 끝나는 과세기간의 소득금액을 계산할 때 먼저 발생한 과세기간의 이월결손금부터 「소득세법」 제45조 제3항에 따라 공제한다. ( )

126 부동산임대업에서 발생한 이월결손금은 해당 이월결손금이 발생한 과세기간의 종료일부터 10년 이내에 끝나는 과세기간의 소득금액을 계산할 때 먼저 발생한 과세기간의 이월결손금부터 「소득세법」 제45조 제3항에 따라 공제한다. (×) → **15년 이내**

127 거주자의 국외에 소재하는 <u>주택의 임대소득</u>은 <u>주택 수에 관계없이 과세하지 아니한다.</u> ( )

127 거주자의 국외에 소재하는 주택의 임대소득은 주택 수에 관계없이 과세하지 아니한다. (×) → **과세한다.**

128 임대한 과세기간 종료일 현재 기준시가가 15억원인 국내에 소재하는 1주택을 소유한 거주자가 그 주택을 임대하고 지급받은 <u>월세</u>는 <u>사업소득 총수입금액에 산입하지 아니한다.</u> ( )

128 임대한 과세기간 종료일 현재 기준시가가 15억원인 국내에 소재하는 1주택을 소유한 거주자가 그 주택을 임대하고 지급받은 월세는 사업소득 총수입금액에 산입하지 아니한다. (×) → **산입한다.**

129 주택 2채를 소유한 거주자가 1채는 월세계약으로 나머지 1채는 전세계약의 형태로 임대한 경우, 월세계약과 전세계약에 의하여 받은 임대료 모두에 대해서 소득세가 과세된다. ( )

130 과세기간 종료일 현재 기준시가가 20억원인 주택 1채만을 소유한 거주자가 해당 주택을 전세금을 받고 임대하여 얻은 소득에 대해서는 간주임대료를 계산하여 총수입금액에 산입한다. ( )

131 과세기간 종료일 현재 기준시가가 4억원인 주거의 용도로만 쓰이는 면적이 109m² 2채, 기준시가가 2억원인 주거의 용도로만 쓰이는 면적이 40m² 1채를 보유하고 있는 거주자가 주택에 대한 전세보증금의 합계액이 4억원인 경우 간주임대료를 계산한다. ( )

132 甲과 사촌 동생 乙이 과세기간 종료일 현재 기준시가가 14억원인 공동소유 1주택(甲지분율 60%, 乙지분율 40%)을 임대하는 경우, 주택임대소득의 비과세 여부를 판정할 때 甲과 乙이 각각 1주택을 소유한 것으로 보아 주택 수를 계산한다. ( )

133 주택임대로 인하여 발생하는 소득에 대한 비과세 여부를 판정함에 있어서 임차 또는 전세받은 주택을 전대하거나 전전세하는 경우에 해당 임차 또는 전세받은 주택은 임차인 또는 전세받은 자의 주택으로 계산한다. ( )

134 본인과 배우자가 각각 국내 소재 주택을 소유한 경우, 이를 합산하지 아니하고 각 거주자별 소유 주택을 기준으로 주택임대소득 비과세대상인 1주택 여부를 판단한다. ( )

135 자산을 임대하여 발생하는 사업소득으로 계약 또는 관습에 따라 지급일이 정해진 것은 그 정해진 날, 계약 또는 관습에 따라 지급일이 정해지지 아니한 것은 그 지급을 받은 날이 수입시기이다. ( )

136 분리과세 주택임대소득이 있는 거주자의 종합소득 결정세액은 분리과세 주택임대소득을 적용하기 전의 종합소득 결정세액과 "(분리과세 주택임대소득에 대한 사업소득금액 × 100분의 14) + 분리과세 주택임대소득에 대한 사업소득금액 외의 종합소득 결정세액"의 세액 중 하나를 선택하여 적용한다. ( )

137 1동의 주택을 신축하여 판매하는 주택신축판매업의 경우 건설업에 해당한다. ( )

138 토지 위에 상가 등을 신축하여 판매할 목적으로 건축 중인 「건축법」에 의한 건물과 토지를 제3자에게 양도한 경우 건설업에 해당한다. ( )

129 주택 2채를 소유한 거주자가 1채는 월세계약으로 나머지 1채는 전세계약의 형태로 임대한 경우, 월세계약과 전세계약에 의하여 받은 임대료 모두에 대해서 소득세가 과세된다. (×) → 월세계약만 과세

130 과세기간 종료일 현재 기준시가가 20억원인 주택 1채만을 소유한 거주자가 해당 주택을 전세금을 받고 임대하여 얻은 소득에 대해서는 간주임대료를 계산하여 총수입금액에 산입한다. (×) → 산입하지 아니한다.

131 과세기간 종료일 현재 기준시가가 4억원인 주거의 용도로만 쓰이는 면적이 109m² 2채, 기준시가가 2억원인 주거의 용도로만 쓰이는 면적이 40m² 1채를 보유하고 있는 거주자가 주택에 대한 전세보증금의 합계액이 4억원인 경우 간주임대료를 계산한다. (×) → 계산하지 아니한다.

132 甲과 사촌 동생 乙이 과세기간 종료일 현재 기준시가가 14억원인 공동소유 1주택(甲지분율 60%, 乙지분을 40%)을 임대하는 경우, 주택임대소득의 비과세 여부를 판정할 때 甲과 乙이 각각 1주택을 소유한 것으로 보아 주택 수를 계산한다. (○)

133 주택임대로 인하여 발생하는 소득에 대한 비과세 여부를 판정함에 있어서 임차 또는 전세받은 주택을 전대하거나 전전세하는 경우에 해당 임차 또는 전세받은 주택은 임차인 또는 전세받은 자의 주택으로 계산한다. (○)

134 본인과 배우자가 각각 국내 소재 주택을 소유한 경우, 이를 합산하지 아니하고 각 거주자별 소유 주택을 기준으로 주택임대소득 비과세대상인 1주택 여부를 판단한다. (×) → 본인과 배우자의 주택 수를 합산

135 자산을 임대하여 발생하는 사업소득으로 계약 또는 관습에 따라 지급일이 정해진 것은 그 정해진 날, 계약 또는 관습에 따라 지급일이 정해지지 아니한 것은 그 지급을 받은 날이 수입시기이다. (○)

136 분리과세 주택임대소득이 있는 거주자의 종합소득 결정세액은 분리과세 주택임대소득을 적용하기 전의 종합소득 결정세액과 "(분리과세 주택임대소득에 대한 사업소득금액 × 100분의 14) + 분리과세 주택임대소득에 대한 사업소득금액 외의 종합소득 결정세액"의 세액 중 하나를 선택하여 적용한다. (○)

137 1동의 주택을 신축하여 판매하는 주택신축판매업의 경우 건설업에 해당한다. (○)

138 토지 위에 상가 등을 신축하여 판매할 목적으로 건축 중인 「건축법」에 의한 건물과 토지를 제3자에게 양도한 경우 건설업에 해당한다. (×) → 부동산매매업

2024년 10월 26일은
우리가 제35회 공인중개사 시험을 합격하는 날입니다.

제35회 공인중개사 시험대비 **전면개정판**

2024 박문각 공인중개사

하천재의 중요비교정리와 출제예상지문 2차 부동산세법

초판인쇄 | 2024. 5. 5. **초판발행** | 2024. 5. 10. **편저** | 하헌진 편저
발행인 | 박 용 **발행처** | (주)박문각출판 **등록** | 2015년 4월 29일 제2015-000104호
주소 | 06654 서울시 서초구 효령로 283 서경 B/D 4층 **팩스** | (02)584-2927
전화 | 교재 주문 (02)6466-7202, 동영상문의 (02)6466-7201

저자와의
협의하에
인지생략

정가 10,000원
ISBN 979-11-6987-999-6